AI와 예비 교사 교육

인공지능총서

인공지능 시대입니다. 기계가 인간의 인지를 대신하고, 사물이 인간을 통하지 않고 다른 사물과 직접 커뮤니케이션합니다. 이에 따른 인간 삶과 문명 변화를 정확히 이해·예측·대응하는 것은 이 시대 우리 모두의 과제입니다. 인공지능총서는 인공지능 기술과 환경의 여러 주제를 10가지 키워드로 정리합니다. 관련 개념과 이론, 학계와 산업계의 쟁점, 우리 일상의 변화를 다룹니다. 인간과 기술의 현재, 미래를 세심히 분석합니다.

일러두기

- 인명, 작품명, 저서명, 개념어 등은 한글과 함께 괄호 안에 해당 국가의 원어를 병기했습니다.
- 외래어 표기는 현행 어문규정의 외래어표기법을 따랐습니다.

처음이세요?

전문가세요?

AI와 예비 교사 교육

김현진 · 김현영

대한민국, 서울, 커뮤니케이션북스, 2024

AI와 예비 교사 교육

지은이 김현진 · 김현영
펴낸이 박영률

초판 1쇄 펴낸날 2024년 11월 15일

커뮤니케이션북스(주)
출판 등록 2007년 8월 17일 제313-2007-000166호
02880 서울시 성북구 성북로 5-11
전화(02) 7474 001, 팩스(02) 736 5047
commbooks@commbooks.com
www.commbooks.com

ISBN 979-11-7307-070-9 03500

책값은 뒤표지에 표시되어 있습니다.

차례

교육 혁신을 위한 AI, 왜 예비 교사 교육인가?

디지털 전환 시대다. 2019년 코로나 감염병은 일상과 업무에서 디지털 전환의 의미를 이해하는 계기가 되었고, 2022년 챗GPT의 출시는 일반인들이 AI 서비스를 경험하는 기회를 제공했다. 각국 정부는 AI 리터러시, AI 역량을 교육하고, AI 기술을 통해 교육 혁신을 추구하고자 다양한 정책 과제와 가이드라인을 제시하고 있다.

교사는 교육 혁신을 추진할 때마다 가장 중요한 영향 요인이었다. 교사는 교실에서 학생과 마주하는 가장 최종 사람이며, 의사 결정자이기 때문이다. 그러나 현장 교사가 AI 및 에듀테크를 하루아침에 수용하기는 쉽지 않은데, 이들은 경력을 쌓아 가며 자신의 교육 신념에 기반한 수업 방식을 이미 구축했기 때문이다.

이러한 측면에서 교육 혁신을 위한 예비 교사 교육은 효과를 기대할 수 있다. 예비 교사는 아직 배움의 여백이 있고, 디지털 학습 세대이기에 AI · 디지털의 기술적, 문화적 익숙함이 긍정적인 결과로 연계될 수 있을 것이다.

이 책은 가까운 미래 그리고 향후 30년 이상 학교 교육을 담당할 예비 교사가 AI에 기반한 디지털 전환 시대의 교육을 처음부터 차근차근 준비하기를 바라는 마음에서 집필했다.

예비 교사는 유·초·중등 공교육의 교사가 되기 위해 교육대학교(예: 한국교원대학교, 서울교육대학교 등)나 종합대학의 사범대학(예: 서울대학교 국어교육과, 이화여자대학교 영어교육과 등)에서 학위 과정을 밟고 있는 대학생이다. 국가별로 교사 직업에 대한 선호와 위상이 다르고, 교사가 되는 조건과 절차도 같지 않다. 대한민국의 교사는 사람들의 선호하는 직업 중 하나이며, 교사가 되기 위해서는 매해 모집 인원에 따라 교원임용시험을 보고 합격해야 한다. 임용시험의 경쟁률이 높기에 예비 교사의 대학 생활은 성공적인 학업과 시험 준비의 이중적 목표를 가진다.

한편, 대한민국 정부에서는 대학혁신지원사업 및 국립대학육성사업 등 대학의 재정 지원을 통해 교육과 연구 역량을 높이고자 한다. 덕분에 대학 교육은 교수자의 설명식 강의 중심에서 문제 해결 및 프로젝트 학습 등 학생 중심, 현장 중심의 강의를 진행하고자 교육 혁신 노력을 진행해 왔다. 특별히 인터넷 및 디지털 기술 발전과 코로나19 감염병 시기 비대면 원격 교육의 확산으로 에듀테크를 통합한 교육 혁신의 노력도 급증했다. 이와 함께 인공지능, 즉 AI 기술이 소개되었는데, 챗GPT 및 코파일럿(Copilot)과 같은 생성형 AI의 등장은 일반인들의 AI 활용뿐만 아니라 학생과 교수자들의 교육적 AI 활용이 가시적으로 증가하는 계기가 되었다.

대학교의 교육 혁신에 더해서 예비 교사가 재학하고 있는 대학교, 즉 교사를 양성하는 교 · 사대들은 국가의 디지털 기술 및 AI 관련 교육 정책에 따라 교육과정과 학교 시설에 변화를 추진하고 있다. AI와 관련한 교원 양성 교육에서의 큰 변화는, 2023학년도 입학자부터 교사 자격을 취득하기 위한 필수 과목으로 AI 내용이 포함된 1~2학점의 [디지털 교육] 교직소양 과목을 들어야 하는 것이다. 학점으로 볼 때 큰 분량은 아니지만, 필수 과목이라는 면에서 무게감이 있다. 예비 교사들은 이 외에도 교양 및 전공 과목에서 디지털 · AI 기술이 통합된 다양한 과목을 배우며 선배 교사들과는 다른 교원 양성 교육과정을 경험할 것이고, 이것은 그들의 미래 수업의 모습을 변화시킬 것이라고 예상해 본다.

디지털 전환 시대 디지털 시민이자 미래 교육자로서 예비 교사가 AI와 함께 교수 학습을 변화시키고 혁신의 주체로 양성되기를 희망하는 바람이 있다. 즉, 기존 교육 방식 또는 기본 AI 교육 트렌드의 답습이 아닌 새로운 방향이 필요하기에, 예비 교사가 수용자가 아닌 변혁가로서 정체성을 가져야 한다. 이를 통해 미래 선생님이 될 예비 교사가 그릴 미래 교실이 좀 더 나은 미래가 될 수 있었으면 하는 기대를 해 본다.

이 책의 1장에는 Z세대이자 알파 세대인 디지털 학습자로서 예비 교사의 특징을 담았다. 이어 2장에서는 예비 교사 교육을 위한 교육 목표로서 AI 역량을, 3장과 4장에서는 교육을 통해 느리지만 형성하게 될 AI 및 교육에 대한 신념, 그리고 변화 주도자로서 예비 교사의 정체성을 다루었다. 이어 5장에서는 예비 교사를 가르칠 교사 교육자인 대학 교수의 역할과 교육 방향, 6장과 7장에서는 AI 관련 교과 및 비교과 교육과정 설계와 역량 함양을 위한 교육의 방향, 8장에서는 AI 융합 교육을 위한 대학의 공간 설계, 9장과 10장에서는 AI 교육 정책 및 제도와 에듀테크 기업을 포함하는 디지털 및 AI 교육 생태계를 다룸으로써 예비 교사 교육에 시사점을 주고자 했다.

이 책은 AI와 예비 교사라는 주제를 다양한 시각에서 논의하고자 학습자로서 예비 교사의 특성으로 시작해 교원 양성기관의 AI 교육과 연계된 다양한 주제를 교육과정, 교사 교육자, AI 역량 및 교육 신념과 변화 주도자 목표, 그리고 AI 교육 정책과 디지털 교육 생태계까지 다루었다. 이 책의 내용이 예비 교사의 AI교육을 위한 학습 환경 설계에 기초 자료가 되기를 바라며, 더 깊은 논의가 이후 진행되기를 기대해 본다.

2024년 10월 20일

김현진, 김현영

01
'디지털 학습 세대' 예비 교사는 누구인가?

Z세대와 알파 세대, 그리고 그 사이 세대로서 예비 교사의 문화와 가치관, 특히 디지털 문화를 이해하며, 이러한 문화적 특성과 예비 교사의 일상 및 교직 문화가 어떻게 상호 영향을 주고받는지 살펴본다. 마지막으로 교사 교육자에게 주는 시사점은 무엇인지 이야기한다.

AI와 1인 창업?

왜 '디지털 학습 세대' 예비 교사인가?

미래 학습자는 첨단 기술과 일상, 그리고 온오프라인 구분이 모호해지는 끊김이 없는(Seamless) 지능형 환경에 익숙할 뿐 아니라 스스로 환경을 재구성하는 세대가 될 것이다. 이러한 미래 학습자 교육을 위해서는 일방적 지식 전달과 수용이 아닌, 능동적 생산자로서의 학습자를 위한 교육 시스템과 이를 실천할 수 있는 교수자 역량이 요구된다. 디지털 전환기 또는 인공지능 시대를 지나고 있는 차세대 학습자이자 미래 교육자인 예비 교사의 역할이 중요한 시점이다. 디지털 학습 세대의 문화적 특성을 이해하고 그에 맞는 학습 환경을 구성해 예비 교사의 자율적 교육 문화 형성을 지원해야 한다.

미래 교육을 이끌어 갈 '예비 교사' 집단은 Z세대, 알파 세대, 또는 그 사이 주요 학습 세대에 속한다. Z세대(1995~2012년생)는 디지털 원주민으로, 인터넷, 스마트폰, 소셜 미디어 등을 익숙하게 사용하며 성장한 세대다. 알파 세대(2013~2029년생)는 스마트폰 보유율이 50%를 넘고 소셜 미디어 확산이 진행된 시기에 태어나 모바일이 일상화된 환경에서 첨단 기술을 경험하며 성장한 세대다. 이들은 디지털 세상을 살아가며, 내신 성적 향상과 입시, 취업 준비, 자신의 흥미와 가치관을 추구하기 위해 공부라는 과업을 수행하는 학령기 디지털 학습 세대로 나름의 문화와 가치관을 형성하는 문화 집단이다(김현영 · 김현진, 2023). 예를 들어, 디지털 세대는 기술 정보 습득과 적용, 협업과 상호작용에 능하다(Prensky, 2001). 개성과 자율성을 중시하는 경향이 있으며, 전통적 권위보다는 수평적 관계를 선호한다(McCrindle & Wolfinger, 2009). 한편 디지털 세대 인구 집단은 기성세대의 문화 담론에서 디지털 중독 및 과사용으로 인한 통제 대상(예: APA, 2024; OECD, 2024)으로 인식되어 왔다. 우리는 기존 청소년 담론의 한계를 넘어, 능동적 문화 행위자로서 디지털 학습 세대의 일상을 바라보고자 한다.

디지털 학습 세대에 속하는 예비 교사 집단의 문화적 특성은 교육 기술의 통합, 교육 현장에서의 교수 학습 방법, 더 나아가 미래 교사와 학생 간 역할 설정 및 관계 방식에까지 영향을 준다. 따라서 미래 AI 교육을 실천할 예비 교사들이 공유하는 디지털 학습 문화를 먼저 이해할 필요가 있다. 디지털 학습 세대는 기성세대와는 다른 인식, 가치관, 행위 양식 등 그들만의 디지털 문화를 형성함에 따라 다양한 분야에서 디지털 세대의 사회문화적 특성에 주목하고 있다(김현영 · 김현진, 2023; Katz et al., 2022; Twenge, 2023). 이러한 문화적 차이, 여기서 차세대 교육의 첫 번째 맹점이 발생한다. 디지털 문화는 사용자로서 학습자 또는 예비 교사, 즉 문화 행위자가 디지털 도구나 환경을 어떻게 경험하느냐에 따라 상호작용적으로 형성되기 때문이다(김현영 · 김현진, 2023). 이에 AI · 디지털이 일상화된 세상을 살아갈 '디지털 학습 세대'를 위한 교육은 이들의 디지털 사용성, 관계성, 가치관 등 마이크로와 매크로 영역을 포괄하는 문화적 이해를 전제로 해야 한다.

예비 교사의 디지털 일상과 공부, 그리고 교직 문화

'디지털 학습 세대' 예비 교사는 어떻게 공부할까? 예비 교사의 학습 신념이 교수 신념과 수업 실천에도 영향을 준다는 점에서(Fives & Gregoire Gill, 2015; Merjovaara et al., 2024), 디지털 세대의 학습 경험을 문화적 차원에서 이해하는 것은 이들이 만들어 갈 교직 문화를 가늠하게 해 준다. 디지털 학습 세대는 단순 기술 수용자가 아니라, 기술 환경과 상호작용하며 온오프라인, 형식과 비형식 학습 맥락을 넘나들며 개인 학습 네트워크(PLN)를 형성하는 문화 행위자다(김현영 · 김현진, 2023). 문화 형성자로서 디지털 세대 예비 교사의 일상 학습 경험을 이해하고, 그들이 만들어 갈 교직 문화를 가늠해 보는 것은 예비 교사 교육 방향 설정의 중요한 출발점이다.

디지털 학습 세대는 스스로 디지털 기술이 갖는 의존 과몰입 등 양가성을 인식하고 방해 요소를 최소화하는 나름의 학습 시공간 관리 노하우를 갖고 있다(김현영 · 김현진, 2023). 이들은 디지털과 아날로그 도구 모두를 활용, 틈새 시간에서 일상 습관까지 주도적으로 관리하고, 학습 공간을 최적화해 재구성하는 데 능숙하다. 디지털 학습 세대 예비 교사는 자신이 가진 노하우를 반영해 미래 학습자들이 스스로 AI 일상화를 인지하고 개인 학습 시공간을 관리하도록 돕는 교수 학습 환경 설계를 실천할 수 있다. 이들은 기술 중재자로서 향후 AI · 디지털 교육 현장에서 동료 교사와 미래 학습자와 함께 디지털 학습 시공간을 관리하는 웰빙 문화를 형성할 것이다.

또한 디지털 학습 세대는 온오프라인의 다양한 영역과 공간을 넘나들며 필요한 공부 자원과 요령을 수집, 활용하며 관련 윤리와 안전을 실천한다(김현영 · 김현진, 2023). 이들은 개인의 효과적인 학습을 위해 다양한 매체의 학습 커뮤니티에 참여해 타인의 공부 요령을 관찰, 모방, 획득하거나 신뢰할 수 있는 학습 자료를 발굴, 선별한다. 디지털 학습 세대 예비 교사는 교직 이수 과정과 교사 업무 맥락에서 최신 교육 자료와 인적, 물적 자원에 접근해 효과적인 노하우를 획득할 수 있다. 이들은 디지털 학습 스캐폴더로서 향후 AI · 디지털 교육 현장에서 동료 교수자 또는 학습자가 자신의 요구에 적합한 디지털 및 아날로그 또는 인적, 물적 자원 맥락에 접근, 수집할 수 있도록 지원할 것이다.

특히 디지털 학습 세대는 디지털 도구와 함께 자신의 학습 경험 지도를 설계하고 개선해, 타인의 공부 환경 관리와 자원 수집 행위를 지원한다(김현영 · 김현진, 2023). 디지털 정체성 형성과 표현에 익숙한 이들은 온오프라인을 넘나든다. 공부 브이로그, 공부 스트리밍, 공부 챌린지, 공부 굿즈, 공부 알고리즘 등 요구에 맞게 공부 경로를 최적화한다. 또, 디지털 도구와 자신을 개선하거나, 학습 경험, 노하우를 아카이빙하고 컨설팅하는 공부 인플루언서로 디지털 시선감을 만들며 공부한다. 디지털 학습 세대 예비 교사는 AI 시대 교수 학습의 롤모델 또는 혁신가로서, 동료 교사와 미래 학습자 각자의 교수학습 경험과 AI 도구를 업그레이드하는 상호작용적 개선 문화를 만들어 갈 것이다.

마지막으로 디지털 학습 세대는 스스로 학습 플랫폼

이 되어 자신의 공부 과제 해결과 역량 함양 과정에 타인들을 연결해 함께 성장하는 상생적 문화를 주도한다(김현영 · 김현진, 2023). 이들은 높은 디지털 활용 역량으로 유튜브와 오픈 채팅, 밴드, 카페, 페이스북 크루, 팟캐스트, 디스코드, 실시간 회의 공간 및 공동 작업 문서 등을 개설하고 누적해 온 개인 공부 자원, 경험, 이력 등의 전문성을 공공재로 노출하고, 초보자부터 전문가가 함께하는 랜선 멘토와 같은 소통과 협업의 장을 만들어 서로의 공부 역량을 나눈다. 이들의 공동 프로젝트 수행력(Twenge, 2023)은 특히 '선한 영향력'과 '사회적 기여'에 가치를 둔다(김현영 · 김현진, 2023). 디지털 학습 세대 예비 교사는, 향후 AI · 디지털 교육 맥락에서 협력적 가치 창출자로서 스스로 교수 학습 전문성 공유 채널이 되어 학습자, 동료 교수자, 현장 전문가를 연결하고 공공의 가치를 추구하는 네트워킹 문화를 형성할 것이다.

교사 교육자에게 주는 시사점

이론 및 개별 교과 중심 교사 교육을 극복하기 위해서는 현장 경험 맥락에서 디지털 학습 세대 예비 교사가 마주하는 어려움과 기회를 탐구하고 적절한 학습 환경을 제공하는 해석학적 역량 개발 접근이 필요하다. 특히 디지털 학습 세대의 관리, 수집, 개선, 공유 행위로 이뤄지는 상생적 학습 여정을 교수 학습 역량으로 확장하는 학습 환경을 설계해야 한다. 즉 디지털 세대 학습자이자 미래 교육자인 예비 교사의 특성을 고려할 때, 예비 교사는 단순 기술 수용 및 지식 전달자가 아닌, 미래 학습자와 실제적 지식구성과 학습 경험 설계를 실천하는 교수 학습 문화 형성자다. 디지털 학습 세대 문화가 가진 기회와 한계, 교육적 시사점은 다음과 같다.

첫째, 학습 시공간 관리 역량 확장 기회를 제공해야 한다. 디지털 학습 세대는 높은 디지털 적응성을 가진다. 동시에 이들은 디지털 일상에 내포된 양가성을 인식하고, 학습 과업(목적 및 동기)에 따라 자신의 학습 시공간을 효율적으로 관리한다. 이러한 관리 행위에 대한 요구와 아이디어를 확장하는 학습 환경 설계가 필요하다. 예를 들어, AI 기반 학습관리시스템(LMS)이나 일정 관리 도구(Google Calenda), AI 기반 협업 관리 도구(Notion AI) 등에 대한 리터러시와 더불어 교수 학습 시공간 관리 수업 설계 프로젝트나 가이드를 제공할 수 있다. 이를 통해 교사 중심의 교수 학습 시공간 관리 문화 형성을 지원함으로써, 사회 전반의 건강한 AI 일상 영위를 기대할 수 있다.

둘째, 학습 자원 수집 역량 확장 기회를 제공해야 한다. 디지털 학습 세대는 각자의 학습 여정에 필요한 자원 맥락 접근성을 가지고 있다. 해당 커뮤니티나 채널 정보를 찾고 접근할 수 있으며, 맞춤형 자료를 찾아 필터링하거나, 알고리즘 또는 인적 자원을 활용해 수집한다. 이러한 디지털(AI) 기반 학습 자원 수집 역량을 확장해, 수업 방법 측면에서는 효과적 실천 모델(Darling-Hammond et al., 2017)을 제공하는 AI 기반 디지털 자원과 플랫폼을 활용하는 사례 기반 학습과 전문 학습 커뮤니티로 인적, 물적 자원 맥락을 제공할 수 있다. 또한 기초 소양으로서 온라인 안전, 사이버 윤리, 디지털 발자국, 저작권 등 디지털 자원 수집 활용 과정을 점검 성찰하는 디지털 리터러시 활동을 통해 미래 디지털 시민 교육 역량을 갖추도록 지원하는 학습 환경 설계가 필요하다. 이를 통해 예비 교사는 향후 교육 현장 맥락에서 AI 기반 교수 학습 자원 맥락 접근성을 향상하고, 해당 자원의 신뢰성과 적합성을 판별 활용하는 교수 학습 문화를 형성할 것이다.

셋째, 학습 경험 설계 문화 형성 기회를 제공해야 한다. 디지털 학습 세대는 개인의 학습 노하우 지도 제작과 학습 경로 설정을 최적화하는 설계 역량을 가지고 있다(김현영 · 김현진, 2023). 현재 예비 교사의 교육과정 및 공간은 동일한 교실에서 정해진 과목을 공통 이수해야 하기에 개별 학습자의 역량 함양의 경로는 선택과 개선 두 측면 모두 제한적이다. 교육과정과 교수 학습 방법, 학습 공간 모두 예비 교사 개인 역량에 따라 재구조화할 수 있어야 한다. 예를 들어 이들의 디지털 정체성을 존중하고 각자의 (교수) 학습 경험과 아이디어를 적용, 기록, 참여적 분석(공유와 성찰), 개선할 수 있도록 지원하는 사용자 생성형 교수 학습 환경 또는 자율 교육과정을 통해 이뤄질 수 있다. 이를 통해 예비 교사는 향후 교육 현장 맥락에서 경험 중심 학습 분석과 실천을 통해 교사와 학습자에게 최적화된 교수 학습 경험 지도를 만들 것이다.

넷째, 전문성 공유 문화 형성 기회를 제공해야 한다. 디지털 학습 세대는 개개인이 '따로 또 같이' 공부하는 플랫폼이 되는 네트워킹 환경 설계로 협력적 가치를 창출하는 문화를 가진다(김현영 · 김현진, 2023). 예를 들어 디지털 학습 세대의 높은 기술 적응성, 개인 신념 중심 역량 개발과 더불어 사회문화적 선한 영향력 형성의 가치관과 문화적 행위 특성을 고려할 수 있다. 또한 다양한 프로젝트와 학습 과정에서 학교 안팎의 네트워크 형성을 지원하는 환경 설계로 협력적 문제 해결을 촉진할 수 있다. 이는 학교 현장에서의 프로젝트 학습환경 설계 실천의 긍정적 경험 사례(Bell, 2010), 모델링(Wang et al., 2018), 이해관계자 간 커뮤니티 형성을 통한 혁신 확산(Kopcha, 2010)의 기회 요소다. 이처럼 예비 교사의 학습 전문성 공유를 지원하는 학습 환경 설계를 통해 향후 교육 현장 맥락에서 '상생적 교수 학습 문화' 형성을 기대할 수 있다.

디지털 학습 세대의 문화적 특성은 개인의 학습 네크워크로 구성되며, 각각은 분리 순차적 관계가 아니며 상호작용적, 유동적이다(김현영 · 김현진, 2023). 디지털 학습 세대 예비 교사를 위한 교육은 변화하는 학습 환경 요소와 학습자 문화에 대한 지속적 이해와 반영, 개선을 수반해야 한다. 교육공학 분야에서는 이미 순환적 수업 체제 설계 접근과 더불어 문제 중심 학습, 프로젝트 중심 학습, 탐구 기반 학습, 첨단 기술의 교육적 활용과 통합, 적응형 학습, 개인화 학습 등 학습자 중심 학습 환경 설계를 연구 실천해 왔다. 이러한 동시대 기술, 사회, 학문적 요구는 문화 형성 행위자의 교수 학습 경험에 대한 총체적 이해와 경험 증거 기반 설계를 전제로 할 때, 이들 예비 교사의 디지털 AI 리터러시와 교사 전문성 함양, 교육 혁신 주도와 확산으로 이어질 것이다.

참고문헌

김현영 · 김현진(2023). "Z세대의 모바일 학습 일상에 관한 디지털 문화기술지". ≪교육공학연구≫, 39권 1호, 105-154. http://dx.doi.org/10.17232/KSET.39.1.105

APA(American Psychological Association) (2024.4). Teen social media use and mental health. *APA Monitor.* https://www.apa.org/monitor/2024/04/teen-social-use-mental-health

Bell, S.(2010). Project-based learning for the 21st century: Skills for the future. *A Journal of Educational Strategies, Issues and Ideas, 83*(2), 39-43.

Darling-Hammond, L., et al.(2017). *Effective teacher professional development.* Palo Alto, CA: Learning Policy Institute.

Fives, H., & Gregoire Gill, M.(Eds.).(2015). *International handbook of research on teachers' beliefs.* New York, NY: Routledge.

Katz, J., et al.(2022). *Gen Z, explained: The art of living in a digital age.* Chicago, IL: University of Chicago Press.

Kopcha, T. J.(2010). A systems-based approach to technology integration using mentoring and communities of practice. *Educational Technology Research and Development, 58*(2), 175-190.

OECD(2024). *Digital economy outlook 2024(Volume 1): Embracing the technology frontier.*

Merjovaara, O., et al.(2024). Early childhood pre-service teachers' attitudes towards digital technologies and their relation to digital competence. *Education and Information Technologies.* https://doi.org/10.1007/s10639-023-12237-y

McCrindle, M., & Wolfinger, E.(2009). *The ABC of XYZ: Understanding the global generations.* Sydney: UNSW Press.

Prensky, M.(2001). Digital natives, digital immigrants part 1. *On the Horizon, 9*(5), 1-6.

Twenge, J.(2023). 이정민 옮김. 『제너레이션: 세대란 무엇인가? 사일런트, 베이비붐, X, 밀레니얼, Z, 알파 세대, 그들은 대체 누구인가?』. 서울: 매일경제신문사.

Wang, W., et al.(2018). Preservice teachers' TPACK development: A review of literature. *Journal of Digital Learning in Teacher Education, 34*(4), 234-258. https://doi.org/10.1080/21532974.2018.1498039

02
교육 목표로서 AI 역량: 학생이자 교사

예비 교사는 교사인가? 대학생인가? 교육 목표로서 예비 교사의 AI 교육 역량을 탐색한다. 먼저, (대)학생 혹은 일반인에게 공통으로 적용되는 AI 역량을 살펴보고, AI 역량에 대한 기본 이해를 공유한다. 이어 교사의 AI 교육 역량을 살펴봄으로써, 예비 교사의 AI 교육 역량을 논의한다. 또한, 현직 교사의 역량과 비교하여 공유되는 면, 고유해야 하는 면을 탐색한다.

AI와 MBTI?

학생의 AI 역량

예비 교사에게 요구되는 AI 역량은 무엇인가? 예비 교사는 대학에서 공부하는 학생이자 장차 학교에서 수업할 교사이기에 이들에게 요구되는 AI 역량은 현재의 성공적인 학업과 미래의 혁신적인 수업 역량을 모두 요구한다(김현진 외, 2024).

학생과 교사에게 공통으로 필요한 AI 역량의 정의는 "개인이 AI 기술을 비판적으로 평가하고 AI와 효과적으로 소통하고 협업하며 AI를 온라인, 가정 및 직장에서 도구로 사용할 수 있도록 하는 일련의 역량"(Long & Magerko, 2020)일 것이다. 이 역량은 AI 활용에 초점을 두었는데, 더 나아가서는 AI 개발 역량이 요구된다. 즉, 다양한 전공 분야에 AI 기술이 접목되면서 AI 기반 제품 및 서비스 개발을 포함하는 역량이 필요해지는 것이다. 실제 AI 교육 가이드라인을 제시한 국가들은 AI 개발 역량을 제시했다.

초중등학생의 교육을 위해 미국, 캐나다, 인도, 중국 등 주요 국가와 유네스코 등 국제기구에서는 AI 역량을 규명하고 있는데, 이는 대학생과 일반 시민에게도 유용하다. 가장 많이 인용되는 미국의 AI4K12의 5 빅 아이디어 가이드라인(Touretzky et al., 2019)은 지각, 표현 및 추론, 학습, 자연스러운 상호작용, 사회적 영향력을 제시했는데, 빅 아이디어인 만큼 AI에 대한 핵심 개념에 초점을 두었다. 인도와 유네스코에서 제시한 AI 역량은 인간의 수행에 초점을 두었다. 특별히 인도의 AI 중등교육과정은 정보 근거 의사 결정, 책임 있는 시민의식 등 기술 융합 및 활용과 윤리에 초점을 둔 점이 특징이다. 유네스코는 AI 테크놀로지의 이해와 활용, AI 기술 개발을 포함했다.

구체적으로 AI 기술 이해, AI 활용과 개발, AI 윤리 영역에 따른 역량 키워드를 보면 AI 역량에 대한 더 깊은 이해를 준다. AI 기술 이해 역량을 AI4K12에서는 지각, 표현 및 추론, 학습으로 꼽았고, 캐나다의 Actua(2020)는 여기에 데이터를 추가했으며, 유네스코에서는 알고리즘 프로그래밍, 데이터 리터러시, 문제 해결이라고 규명했다. 즉, AI 기술 역량은 AI의 데이터 기반 지각, 표현 및 추론, 학습의 특성을 이해하는 역량과, AI를 활용하거나 개발하기 위한 데이터 리터러시와 알고리즘 프로그래밍의 수행 및 AI 기반 문제 해결 역량을 포함한다.

AI 활용과 개발 역량은 다양한 목적과 맥락에 AI를 접목해 효과적으로 수행하고자 하는 역량이며, AI4K12와 Actua의 자연스러운 상호작용, 인도의 문제 파악 및 해결 창작, 정보 근거 의사 결정, 미래 직업 기회 참석, 유네스코의 타 영역 응용과 AI 테크놀로지 이해와 활용, AI 기술 개발이 포함된다.

AI 윤리는 AI 활용 및 개발이 자신과 사회에 미치는 영향을 이해하며 지켜야 하는 윤리, 규범 및 법을 의미하는데, 최근 EU의 AI 법 통과 등으로 중요성이 강조되고 있다. 구체적인 역량명으로는 AI4K12와 Actua의 사회적 영향력, 인도의 책임 있는 시민의식, 자기 성찰 및 가치 윤리, 유네스코의 AI 윤리와 사회적 영향이 있다. 이러한 AI 윤리는 결국 개인과 사회의 웰빙을 추구한다.

교사의 AI 교육 역량

미래의 교사로서 예비 교사에게 필요한 AI 역량은 기본적으로 학생의 역량과 공통된다. 다만, 교직 업무의 맥락에서 좀 더 구체적인 AI 수행 역량이 필요하기에 대부분 교사의 교육 역량이 사용된다. 최근 여러 문헌에서 교사의 AI 교육 역량을 소개했는데, 대부분 AI 활용 및 융합 수업에 초점을 두었다. 이 중 현직 교사이자 연구자들이 제시한 교사의 AI 교육 역량(이동국 외, 2022)은 학교 현장의 고유한 맥락에 잘 접목되었으며 구체적인 수행의 특징을 보여 준다. 즉, 인공지능 활용 교육 준비, 인공지능 활용 교육 설계, 인공지능 활용 교육 실행, 인공지능 활용 교육 평가, 인공지능 활용 교육 전문성 개발이라는 5개의 역량군과 15개 역량 및 41개 행동 지표가 개발되었다.

한편, 디지털 · AI 혹은 AI · 디지털 역량을 포괄해 교사 역량 프레임워크가 소개되었다. 이러한 교사 역량 프레임워크는 예비 · 현직 교사를 모두 아우르는 교직 업무, 그중에서도 수업에 초점을 두었다(예: 김현진 외, 2024; 서정희 외, 2023). 공통적으로 디지털 · AI 기술의 이해, 디지털 · AI 기반 수업 설계 및 평가, 윤리 및 전문성 개발이다. 김현진 외(2024)에서는 수업뿐만 아니라 교직 업무인 학생, 학부모, 동료와의 디지털 · AI 기반 의사소통, 교육 환경 준비 및 기술 문제 해결 이해 역량을 포함시켰다. 또한, 디지털 · AI 활용 교육과 디지털 · AI 융합 교육을 구분했다. 전자는 디지털 · AI 기술을 활용해 교과 성취 기준 및 핵심 역량을 달성하고자 디지털 · AI 기반 협력 및 맞춤형 수업, AI 디지털 교과서, 생성형 AI, 실감형 콘텐츠 등 수업 방법으로서 활용하는 것이다. 디지털 · AI 융합 교육 역량은 디지털 · AI 수업과 교과 수업을 융합하는 형태로 성취 기준에서 디지털 · AI 역량이 통합되어 성취 기준을 재구조화하는 역량으로, 성취 기준 재구조화, 빅데이터 활용 및 AI 융합 수업 역량으로 구성되어 있다. 이러한 교사의 디지털 · AI 교육 역량은 기본적으로 예비 교사의 교육 목표로도 적용될 수 있다.

예비 교사에게 고유한 AI 교육 방향

그렇다면 현직 교사의 AI 역량은 모두 예비 교사에게 적용될 수 있을까? 결론을 말한다면 일부는 그렇고 일부는 아니다. 이는 생성형 AI 활용 역량의 경우를 예로 들 수 있다. 생성형 AI는 교직 업무에 활용성이 높은데, 예비 교사가 임할 미래 수업에서는 생성형 AI가 본격적으로 활용될 수 있기에, 생성형 AI에 초점을 둔 교육이 필요하다. 많은 아카이브에서 교사의 생성형 AI 중 챗GPT 활용 사례가 보고되었다(예: 이봉규 · 김현진, 2024; 이원경, 2024). 이 중 이원경(2024)의 연구에서는 챗GPT를 수업 설계에 활용하는 교사의 생생한 경험을 보고했다. 교사들은 챗GPT의 언어 기반 생성적 특성을 잘 이해하고 AI와 훌륭하게 협업하는 모습을 보였다. 교사들은 챗GPT에 요청하는 질문, 즉 프롬프트를 1, 2, 3, …과 같이 단계적이면서도 구체적으로 제시해 명확한 답변이 나오도록 했다. 또한 생성형 AI의 답변을 구글 검색 또는 인쇄 자료 등과 비교하며 답변의 정확성을 이중으로 확인했다. 챗GPT는 교사의 수업 활동 및 활동지 개발, 가정통신문 작성 등 다양한 수업 준비를 도와주었으며, 때로 교사는 AI를 업무 파트너와 같이 인격화하기도 했다. 이러한 교사의 챗GPT 활용 사례는 전문가의 수행 맥락이다. 교사는 이미 수업 설계 역량을 갖추었기에 챗GPT를 보조적으로 활용하면서 그 결과가 맞는지 혹은 만족스러운지 판단할 수 있었다.

하지만 챗GPT를 예비 교사에게 사용할 경우는 달라야 한다. 예비 교사는 경험도 지식도 부족한 수련생이다. 교사의 수업 전문성은 교육과정/내용학, 교수법, 학생에 대한 이해로 복합적으로 구성되었으며(Shulman, 1987), 수업 설계는 학급과 개별 학생의 상황에 따라 맥락적으로 설계되는 의사 결정 과정이다. 교사의 수업 설계는 학습 효과에 영향을 주는 체제의 요소를 과학적으로 혹은 경험적으로 분석하고, 이를 바탕으로 수업을 준비하는 것이다. 이러한 측면에서 예비 교사가 경력 교사와 같이 챗GPT를 사용한다면, 그들은 단계별 혹은 구체적인 설계 과정에 대한 학습 경험을 하지 못할 것이다. 예비 교사가 분석하며 얻게 될 통찰과 학습의 경험을 챗GPT가 대신할 것이다. 하여 예비 교사에게 챗GPT를 수업 설계나 행정 교직 업무에 활용하는 내용의 교육을 한다면, 예비 교사와 챗GPT가 어떠한 인지적 역할을 분담해야 하는지 먼저 규명해야 한다.

이러한 관점에서 예비 교사에게 고유하게 요구되는 AI 교육 역량은 수련생으로서 업무 효율화만을 위해서 활용하는 역량이 아닌, 자신의 배움을 확장하고 보조하는 목적으로 활용하는 역량, 학교 현장을 간접적으로 이해할 수 있는 맥락적 자원으로서 역할 등 수련의 과정에서 학습 도구와 파트너로서 활용할 수 있는 역량이 되어야 한다.

참고문헌

김현진 외(2024). 『현장교사가 함께 집필한 디지털교육』. 교육과학사.

서정희 외(2023). 예비 현직 교원의 AI 디지털 역량 측정도구 개발. 연구자료 KR 2023-08. 한국교육학술정보원.

이동국 외(2022). "인공지능(AI) 활용 교육을 위한 교사 역량 및 연수 과제 도출". ≪교육정보미디어연구≫, 28권 2호, 415-444.

이봉규 · 김현진 (2024). "아카이브 기반 질적 분석을 통한 교수설계 원리 도출 가능성 탐색: 교사와 생성형 AI 의 협력적 교수설계 원리를 중심으로". ≪교육정보미디어연구≫, 30(3), 743-766.

이원경(2024). "분산인지 관점에서 교사와 생성형 인공지능 간 상호작용 분석", 국내석사학위논문 한국교원대학교 대학원.

Actua(2020). ACTUA's Artificial Intelligence (AI) Education Handbook. retrieved from https://actua.ca/wp-content/uploads/2022/02/Actua-AI_Handbook.pdf

Long, D., & Magerko, B.(2020.4). What is AI literacy? Competencies and design considerations. In *Proceedings of the 2020 CHI Conference on Human Factors in Computing Systems*(pp.1-16).

Touretzky, D., et al.(2019.7). Envisioning AI for K-12: What should every child know about AI?. In *Proceedings of the AAAI Conference on Artificial Intelligence*(Vol. 33, No. 01, pp. 9795-9799).

Shulman, L.(1987). Knowledge and teaching: Foundations of the new reform. *Harvard educational review*, 57(1), 1-23.

03
역량이자 실천의 동기로서 신념과 AI

교사의 교육 신념은 AI 및 에듀테크 활용에 큰 영향을 미친다. 전인교육 관점에서 신념과 가치관은 지식의 일부이지만, 단기간에 쉽게 훈련되지 않는다. 그러기에 예비 교사 교육부터 차근차근 긴 호흡으로 AI의 교육적 가치를 교육해야 한다. 예비 교사에게 어떠한 AI 교육 신념과 가치를 교육해야 하는지, 테크놀로지 기반 교육 분야의 연구 관점과 최근 AI 정책의 가이드라인을 살펴본다.

AI와 난임 극복?

교사의 신념과 테크놀로지 활용

신념(Belief), 특히 교육에 대한 신념은 교사의 테크놀로지 활용 여부와 활용 방식의 차이를 가르는 중요한 요인으로 탐구되어 왔다. 교육 혁신을 위한 테크놀로지 통합을 오래 연구한 교육공학 분야에서는 테크놀로지 통합에 가장 중요한 요인 중 하나가 교사이고, 특히 교사의 신념이 영향을 많이 준다고 보고하고 있다. Ertmer(1999)의 논문은 이를 잘 설명하고 있다. AI를 비롯한 테크놀로지가 새로운 혁신 도구로서 학교에 들어오는 경우 활용을 방해하는 두 가지 차원이 있다. 교사의 디지털 역량, 기기, 학교장의 지원 등 외부적인 차원과, 교사의 교수 학습과 테크놀로지에 대한 신념의 내부적인 차원인데, 특히 교사의 부정적인 신념이 큰 영향을 줄 수 있다. 교사의 부정적인 신념은 자신의 철학과 가치관에 근거하지만 기술 인프라 부족, 교사의 디지털 역량 수준, 제도적 지원 등 외부적 차원에서 영향을 받을 수 있기에 이 부분을 고려해 교육과 제도를 개선해야 한다. 테크놀로지 선행 연구의 결과는 AI 교육에도 적용이 된다.

필자는 테크놀로지를 수업에 활용하는 주요한 요인으로 왜 교사의 디지털 역량이나 수업 전문성보다 교수 학습 신념이 더 큰 요인으로 여겨지는가 생각해 보았다. 그

답은 신념의 특성과 테크놀로지의 역할에 있었다. 즉, 신념은 사람이 무엇을 하게 하는 수행의 동기이자 선택의 결과다. 교사가 활용하는 테크놀로지의 역할은 지금까지는 수업 방법이다. 모든 수업 방법은 교육 상황에 근거해 최선의 방법이 달라지며 만병통치약이 되는 한 가지 수업 방법은 없다. 따라서 교사의 신념에 따라 최고의 수업 방법은 달라진다. 교사의 교수 학습 신념은 고스란히 수업 방법으로서 테크놀로지를 활용하는 여부와 어떻게 활용하는가에 담기게 된다. 마찬가지로 수업 방법으로서 AI를 활용하는 교사의 수업에는 그들의 신념과 가치에 근거한 활용 방식이 투영되는 것이다.

테크놀로지 활용을 위한 교육 신념

교사의 테크놀로지 활용과 관련된 교수 학습 신념 연구에서는 효과적인 테크놀로지 활용을 위해 어떠한 신념을 가져야 한다고 보고되는가? 단순히 긍정적인 신념과 부정적인 신념 이상의 구체적인 성격을 살펴볼 필요가 있다. 결론부터 말하면, 교육공학 분야에서 논의되는 수업을 위해 활용되는 테크놀로지 · AI의 역할은 보조적이어서 사용하지 않아도 무관한 수단이기보다는 학습을 촉진하는 유의미한 학습 도구여야 한다는 것이다.

이는 테크놀로지가 교육에 도입된 배경과 무관하지 않다. AI를 비롯한 테크놀로지가 공교육에 도입되면서 기대하던 바는 기존 교육 문제 해결, 특히 혁신적인 수업 방법을 통해 교육 효과를 증진하는 것이었다(김현진 · 임진호, 2007).

김현진과 임진호의 연구(2007)는 우리나라 공교육에서 테크놀로지 활용 현황과 효과를 보고했는데, 오래전 연구이나 현재에도 진행형인 모습을 보인다. 많은 교사는 테크놀로지를 수업의 전개 단계에서 설명의 보조로 사용하기보다는 도입 단계에서 흥미 유발의 목적으로 동영상과 같은 자료를 사용하는 경우가 종종 있다고 했다. 물론, 강의 중에 활용되는 테크놀로지는 교수자의 언어적, 추상적인 설명을 시청각 및 동영상 자료를 통해 보충하는 보조적인 역할을 한다. 이러한 목적도 유용하지만 제한적 활용에 그친다.

역량 기반 교육과정 속에서 혁신적인 수업 방법은 강의를 통한 일방적인 지식 전달과 학생의 언어적 이해와 암기보다는 학생이 교육과정 관련 활동을 수행하며 지식을 깨닫고 구성하며, 시험 이상의 맥락에서 배운 지식의 적용을 포함한다. 이를 위해 다양한 학습자 중심 수업이 포함되는데, 문제 해결 학습, 프로젝트 학습, 토의/토론 학습 등이 대표적이다. 이러한 학습자 중심의 수업 활동에서 한 명의 교사가 20명 이상의 학생을 개별적으로 지원하기는 힘들며, 학습자가 수행을 위해 인터넷 자료를 검색하고 분석하며, 보고서를 작성하는 전 과정에서 검색 엔진, 분석 도구, 편집 도구 등 다양한 테크놀로지가 활용된다. 즉, 학생이 의미 있는 활동과 사고 경험에 집중하고 인지가 과부하되지 않도록, AI의 자동화와 지능화 기능은 학생의 배움을 촉진하는 의미 있는 역할을 한다.

AI 교육을 위한 신념

교사의 교수 학습 및 테크놀로지 신념이 테크놀로지 활용에 큰 영향을 준다면 AI 활용을 위해 예비 교사에게 어떠한 학습 경험을 제공해야 하는지 생각할 필요가 있다. 분명 기존 테크놀로지 활용의 연장선이지만 AI 기술의 고유한 특성이 영향을 줄 것이다. 예를 들어, AI가 공교육에 도입되는 경우 수업 방법 이상의 학습 진단에 의해 학생별 학습 콘텐츠가 추천되는 맞춤형 교육과정과 연계될 것이다. 이는 교사의 이상적인 수업 방법 이상의 교육과정에 대한 신념과도 연계된다.

교육과 연계된 AI의 신념은 교사의 AI 역량 프레임워크 등 다양한 정책 및 연구 문헌을 통해 이해할 수 있다. 가장 눈에 띄는 내용은 사람이 중심이 되어야 한다는 것이다. AI 시스템은 빅데이터 기반의 AI 알고리즘에 의한 데이터 수집 및 진단과 처치라는 일련의 수행 과정을 자동화한다.

이러한 맥락에서 ≪하버드 비즈니스 리뷰≫에서는 자동화된 AI 시스템 활용 속에서 인간의 개입 수준에 따라 네 가지 AI 의사 결정 관리 모델을 제시했는데(Ross & Taylor, 2021), AI의 자동화 루프 속에 인간이 반드시 개입(HITL), 예외적 개입(HITLFE), 감독(HOTL) 및 비개입(HOOTL)이라는 스펙트럼이다. 미국 교육부 교육공학국에서는 "인공지능과 교수 · 학습의 미래"(Cardona et al., 2023)를 출판했는데, 여기에서 AI의 교육적 활용을 위한 가치와 신념에 대한 지침을 제시했다. 이 보고서에서 채택한 입장은 인간 중심 HITL(Human-in-the-loop)의 가장 보수적인 활용이었다. AI 시스템이 점점 지능화 · 자동화될 테지만 교육에서 가장 중요한 가치는 사람 즉, 교사 중심의 의사 결정과 학생 중심의 사고다. 교사는 개별 학습자 맞춤형 AI 시스템을 사용하면서 학생의 학습 데이터에 근거해 AI가 홀로 의사 결정을 내리도록 두지 않는다. 교사가 중심이 되어 AI 시스템을 설계, 선택, 설명 및 평가할 수 있어야 한다.

또한, 교육을 위해 사용되는 AI 기술은 학습자의 특성에 맞게 피드백과 콘텐츠를 개별화하지만, 지나친 개별화는 지양해야 한다. 지나친 개별화로 인해 학습자에게 관심 있는 교육 자료만 추천되어서는 안 될 것이다. 이러한 측면에서 AI 시스템은 교사를 대체하기보다는 보조 교사, 업무 보조물이라는 것이 현재까지 공유된 관점이다.

따라서 AI 시스템을 효과적으로 활용하기 위해서는 교사의 역할이 수업 전, 중, 후의 전 과정에서 정의되고, 지침이 마련되어야 한다. 그러나 AI 시스템과 교사의 협업 맥락 속에서 교사의 수업 설계와 실행 및 평가에 대한 지침은 거의 없거나, 있더라도 구체적인 사례가 소개되기보다는 다소 추상적인 수준이다. 예비 교사를 위한 AI 교육에는 이러한 인간 중심의 신념과 AI의 지나친 의존을 지양하는 신념의 내용이 포함되어야 할 것이다.

참고문헌

김현진 · 임진호(2007). "초등학교의 교육정보화가교수학습문화 변화에 미치는 효과 분석", ≪교육공학연구≫, 23(1), 155-186.

Cardona, M. A., et al.(2023). Artificial intelligence and the future of teaching and learning: Insights and recommendations,

Office of Educational Technology. Retrieved from https://coilink.org/20.500.12592/rh21zz
Ertmer, P. A. (1999). Addressing first-and second-order barriers to change: Strategies for technology integration. *Educational technology research and development*, 47(4), 47-61.
Ross, M., & Taylor, J.(2021). "Managing AI decision-making tools". *Harvard Business Review*, 1(1), 11-27.

04
AI 기술 이상의 교육 혁신을 위한 변화 주도자

학교 교육을 위한 AI 도입은 단지 테크놀로지를 수업에 활용하는 차원 이상의 수업 혁신이다. 즉, AI가 활용되는 강의식, 지식 중심 교육보다는 학생 맞춤형 교육과 AI 융합 목표를 통해 미래 역량 함양 등 혁신적인 수업 변화가 필요한데, 이를 위한 예비 교사 교육의 방향을 제시한다.

AI와 사주?

교육 혁신으로서 AI

학교 교육에서 AI 기술을 도입해 일부 교육 활동을 도와줄 수 있지만, AI 기반 맞춤형 교육 시스템을 본격적으로 활용한다면 그동안 실현할 수 없었던 개별 학습자의 흥미, 적성 및 지식 수준에 따른 맞춤형 교육과정 및 학습 경험 설계가 가능해질 것이다. 현재 교육 분야에 도입되는 AI는 전자에 해당되는 경우가 많기에 수학과 영어와 같은 특정 교과 수업이나 일부 수업 활동에 국한되어 활용된다. 예를 들어 생성형 AI인 챗GPT를 활용해 영어 작문 수업에서 학생의 작문 결과를 교정하도록 하여, 교사의 개별 피드백 없이도 학생이 AI와 협력해 배움의 기회를 얻게 되는 것이다.

교육부에서 추진해 학교에 도입될 AI 기반 디지털 교과서는 2025년도에 수학, 영어, 정보 교과를 시작으로 교과와 학년이 확장될 것인데, 이를 통해 교실의 수업 장면에서 기존 수업과는 다른 교사의 역할과 수업 전개가 기대된다. 교사는 AI 기반 시스템에서 기록된 학생 활동 데이터를 분석하고, 맞춤형 피드백과 콘텐츠를 제공한다. 기존 교사의 수업 설계가 전체 학급 단위 활동에 초점을 두었다면, 향후에는 개별 맞춤형 수업 설계와 학생 데이터를 활용하는 학습 분석 활동을 하게 될 것이다. 즉 예비 교사는 자신의 기억과 경험 속에 있는 학교 시나리오 이상의, 지금까지 경험하지 못했던 방식으로 수업을 설계하고 실행해야 한다.

이러한 관점에서 예비 교사의 교육은 앞으로 도입될 AI 기반 디지털 교과서 및 AI 도구들을 활용할 때, 기존 방식이 아닌 새로운 방식, AI와 시너지가 날 수 있는 협력으로 수업을 할 수 있는 역량이 필요하다. 이러한 준비는 예비 교사 교육과정에 고스란히 반영되어야 하며, 예비 교사 교육자는 새로운 수업 시나리오에 터해서 예비 교사를 교육할 필요가 있다.

변화 주도자로서 교사의 정체성

한편, 예비 교사의 교육은 그들의 정체성과도 연계되어야 한다. 첨단 기술이 발전함에 따라 교육 환경과 교육의 주제에 변화가 요구되고 있다. 특히 AI 기술은 교육 분야에도 혁신을 요구한다. 이러한 교육 혁신 속에서 가장 중요한 의사 결정자는 교사이기에 교사의 변화 주도성은 중요한 요인으로 작용한다. 교육 환경의 변화로 교육 정책의 변화가 요구될 때마다 학교 구성원들의 저항은 있을 것이지만, 예비 교사에게 변화에 대해 긍정적인 측면과 효과적인 학교 통합 방안을 고민하는 기회를 지속적으로 줄 필요가 있다.

학습자 중심 교육, 역량 교육, 디지털 · AI 통합 교육 등 교육 혁신을 위해 변화 주도자로서 교사의 역할은 매우 중요하다. 따라서 교육 혁신에서 가장 중요한 주제는 교사의 역량 개발이다. 우리나라에서는 선도 교원을 강사진으로 선발해 교사 연수를 하게 함으로써 교육 혁신을 전파하고자 했다. 그러나 연구에서 교육 혁신에 대한 경력 교사의 변화는 큰 효과를 거두기 어려웠는데, 특히 수업 방법 등 교사의 신념, 지식 등 교사 개인 특성에 기반한 의사 결정에서 더욱 두드러진다. 디지털 · AI 통합 교육과 같이 수업 방법에 이를 통합할 때, 경력 교사는 지금까지 자신이 구축한 수업 방법을 때로 자신의 신념과 맞지 않는 방식으로 바꾸어야 하는 저항이 생길 수밖에 없다.

이런 이유로 미국 교육부는 예비 교사에 눈을 돌렸다. 예비 교사는 아직 완성된 교수 방법과 교수 신념에 대한 확신이 없거나 개발되고 있기 때문이다. PT3(Preparing Tomorrow's Teachers to Use Technology Program)라고 하는 프로그램은 1999년부터 2003년까지 441개의 대학에 재정을 지원해 교사 연수, 예비 교사 교육과정 재설계 등을 하여 테크놀로지 통합 교육의 혁신을 실현하고자 했던 국책과제였다. 각 학교에 연간 35만~60만 달러 정도의 재정이 지원되기에, 많은 테크놀로지 통합 예비 교사 교육과정 혁신 사례와 연구가 진행되어, 결국 테크놀로지 통합 예비 교사 교육과정 수립에 기여했다. 우리나라에서도 교원양성대학 평가나 재정 지원 프로그램으로 많은 교육과정에 변화를 주고 있는데, AI가 포함된 교원 양성 과정 혁신이 더욱 가시적으로 이루어질 필요가 있다.

변화 주도자로서 예비 교사의 교육 방향

그렇다면 변화 주도자로서 예비 교사를 어떻게 교육해야 할까? 분명한 점은 예비 교사를 위한 디지털 · AI 교육이 기술 습득에만 초점을 두어서는 안 된다는 것이다. 한 개인이 혁신을 받아들이는 데에는 지식 이상의 총체적인 학습 경험이 필요하다.

이러한 근거는 혁신확산이론(Rogers, 1995)을 빌려 이해할 수 있다. 구성원이 혁신을 받아들이는 과정은 혁신의 대상에 대해 알게 되는 지식 단계, 호감과 긍정적 태도가 형성되는 설득 단계, 혁신의 대상을 시험하려고 결정하는 단계, 혁신의 대상을 일상에서 지속 사용하는 실행 단계, 마지막으로 혁신의 대상을 일상에 통합하고 타인에게 권유하는 확인 단계로 구성된다. 혁신의 확산 과정에 근거해 AI에 대한 예비 교사 교육을 볼 때, 우리는 AI 지식에 대한 지식만을 강조하지는 않는지 돌아볼 필요가 있다. 교육을 통해서는 적어도 지식과 설득 그리고 결정의 단계에 이르는 내용이 포함되어야 하지 않을까 생각한다. 더 나아가서, 학생들의 수업 또는 교육 실습을 통해 실행의 일부라도 경험할 수 있다면 더욱 좋을 것이다. 이러한 경험을 통해 예비 교사는 AI 에듀테크를 스스로 시험하고 현장 교사 및 다른 예비 교사가 사용하는 것을 관찰하여, 기존 수업에 비해 AI를 사용했을 때의 상대적 이점, 사용 용이성, 교과 수업 적합성을 인식할 수 있다면 혁신을 받아들일 가능성이 높아질 것이다. 교원 양성 기관에서 예비 교사 교육과정 설계에 혁신확산 이론을 활용한다면 좀 더 구체적인 주제와 활동을 구성할 수 있을 것이다.

참고문헌

Rogers, E. M.(1995). *Diffusion of innovation.* New York: Free Press.

05
AI 교육의 롤 모델, 교사 교육자

예비 교사 교육에서 교사 교육자는 대부분 대학의 교수이며, AI 교육에서 중요한 역할을 한다. 왜냐하면 교사 교육자의 신념과 교수적 실행은 예비 교사의 롤 모델이기 때문이다. 이러한 관점에서 교사 교육자의 특성과 역할, 그리고 AI 교육 및 미래 교육을 위한 대학 교육 혁신 사례와 향후 시사점을 제시하고자 한다.

AI와 아이돌?

교사 교육자는 누구인가

교사 교육자(Teacher educator)는 말 그대로 예비와 현직 교사를 교육하는 교수자이며, 대부분 교대와 사범대학에서 교사를 가르치는 대학의 교수를 지칭한다. 교사가 교육에 핵심적인 역할을 하듯, 교사 교육자는 예비 교사에게 교과 내용과 교육학에 대한 지식을 가르칠 뿐만 아니라 교육 신념까지 개발시키는 스승이자 롤 모델이 된다. 교사 교육자라는 용어는 대중적으로 사용되지 않지만, 교사 교육자의 역량 및 전문성 개발 등 교사 교육자에 대한 연구는 꾸준히 진행되어 왔다. 예비 교사를 위한 AI 교육에서 교사 교육자의 역할은 매우 중요한데, 이는 예비 교사에게 정규 교과에서 AI 교육을 가르치는 유일한 사람이기 때문이다. 특히, 교원양성대학의 교육과정은 큰 틀의 교수 요목과 학점 이수 기준이 있지만, 구체적인 교육과정 구성의 몫은 개별 교수에게 있기에 AI 교육과정은 교수의 자율적 의사 결정이 많이 반영될 수밖에 없다.

교원양성대학의 교수들은 다양한 배경을 가진다. 대표적으로 전공의 유형과 학교 교사 및 관련 직무 경력의 유무에 따라 이들의 역할과 자기 정체성이 달라진다. 일반적으로 교 · 사대에서 교사 교육자의 전공 유형은 교과내용학(예: 수학 전공 이학 박사)과 교과교육학(예: 수학교육학 박사)으로 나뉘며, 교직 이론과 교직소양과목을 통해 교육철학, 교육심리, 교육공학 등 교육학 계열의 전공으로 나뉠 수 있다. 교과내용학 교수는 내용학 분야의 수업에서 AI 기술을 활용해 내용학 이해를 촉진하거나 내용학 분야에 새롭게 접목된 AI 동향을 가르칠 수 있다. 교과교육학에서는 교과 수업 맥락에서 효과적인 AI 코스웨어 및 도구를 통합할 수 있다. 한편 교육학계열 교수는 다양한 관점의 교육학에 AI 관점 및 윤리, AI 활용 및 통합이 적용된 철학, 심리, 사회학, 교수법, 교육과정 및 평가를 가르칠 수 있다. 교직 경력이 있는 교수의 경우 AI 교육은 이전 교직에서 경험해 본 적이 없던 것이기에, 자신의 경험적 지식과 기존 제도적 한계를 넘어 AI 교육이 통합될 수 있도록 해야 할 것이다.

교사 교육자 간에 다양한 배경이 있지만, 이들의 공통된 AI 교육 역량은 공유될 필요가 있으며, 공유된 교사 교육자의 AI 교육 역량을 바탕으로 교수 대상의 AI 교육과 지원을 해야 한다. 교・사대의 교수는 교사 교육자 이전에 대학 교수다. 또한 교사 교육자의 AI 교육 역량은 결국 일반적인 교사 교육자 역량과 맥을 같이하기에, 먼저 대학교수의 역량과 교사 교육자의 역량을 살펴보고

이를 기초로 AI 교육 역량 키워드를 찾아본다.

교사 교육자의 교육 역량

대학 교수의 역량은 다양한 연구에서 규명되어 왔는데, 학교 교사와 달리 교육자뿐만 아니라 연구자의 역할이 강조된다. 대학 교수는 교육자가 아닌 연구자로 훈련되어 대학에 임용되기에, 각 대학에서는 이미 갖춰진 연구자 역량보다는 교수법 특강 등 교육자 역량과 교육자 정체성 개발에 주력한다. 많은 문헌에서 공통으로 등장하는 교수의 교육 역량은 대학 교육의 이해, 학생에 대한 애정과 이해, 교육 전문성 개발과 같은 기본 역량과 강의 설계, 운영 및 평가와 관련된 수업 역량으로 구성된다(성소연 · 박혜영, 2021; 양은하 · 정재삼, 2010).

교사 교육자의 역량은 어떻게 다를까? 기본적으로 교사 교육자의 교육 역량은 대학 교수와 유사하다. 다만, 교육 현안과 교육 정책이 학교 수업에 직접 영향을 주기 때문에 변화에 선제적으로 대응하는 교육과정 개발 능력이 필요하다. 예를 들어 교육부(2023.2.24)는 「디지털 기반 교육 혁신 방안」을 발표하면서 AI 기반 디지털 교과서(AIDT)를 2025년부터 보급할 방안을 구체적으로 발표했다. AIDT는 서책형 교과서의 디지털 버전 이상의

AI 시스템 기반 디지털 콘텐츠와 AI · 에듀테크 도구가 종합되어 개별 맞춤형 수업을 가능하게 하므로, 기존 학교 현장과는 다른 맥락의 교수법과 교사 역할이 규명되고, 이를 예비 교사 교육에 반영해야 한다. 또한, 교육부(2023.3.29)는 「유치원 및 초등 · 중등 · 특수학교 등의 교사 자격 취득을 위한 세부 기준」을 개정해 2024학년도 입학하는 모든 예비 교사에게 교직 소양 필수 교과목인 「디지털교육」(가칭)을 1~2학점으로 수강하며 AI 이해, 윤리, 활용 및 융합의 교수 요목을 넣도록 했다. 교과 내용 및 교육학 전공 교수자들은 이러한 교육 정책이 자신의 교육과정에 어떠한 변화를 주는지 선제적으로 생각할 필요가 있다. 또한, 교육자 이전에 연구자로서 교사 교육자는 학술적 교육 연구 역량이 필요하며, 예비 교사의 현장 연구 방법론 개발 및 교육할 수 있는 역량이 필요하다.

AI 교육을 위한 교사 교육자 역량

교사 교육자의 배경과 역량에 기초할 때, AI 예비 교사 교육을 위한 교사 교육자의 역량은 어떠한 키워드를 담아내야 할까? 큰 틀에서 기초 역량, 교육 역량, 연구 역량으로 나누어 생각할 수 있다.

기초 역량은 AI 기술 및 윤리 이해, AI의 사회적 영향 이해, 변화 주도력과 같이 AI 시대 교사 교육자 이전에 시민으로서 가지고 있어야 하는 AI 소양이 해당된다. 교육 역량에서는 교과내용학, 교과교육학, 교육학 전공에 따라 세부적으로 나눌 수 있겠으나, 크게 AI 활용 교육 역량과 AI 융합 교육 역량(김현진 외, 2024)으로 볼 수 있다. AI 활용 교육 역량은 교수자가 교과 내용이나 교육학 수업을 효과적으로 진행하기 위해 디지털 · AI 기술을 수업에 활용하는 것으로 주로 수업 방법으로서 AI를 활용하는 것이다. AI 융합 교육 역량은 교과 내용 및 교육학 수업에 디지털 · AI 역량을 교육 목표 및 평가에 통합해 융합적으로 길러지게 하는 것으로, 수업 주제로서 AI를 가르치고 배움을 평가한다. 김현진 외(2024)에서는 이를 학교 교사의 수업 맥락에서 학생에게 디지털 · AI를 가르치고자 할 때 적용했다. 그러나 예비 교사의 AI 교육은 자신의 미래 교직 업무 수행 맥락에서 AI 기술을 활용할 기회를 주어야 한다. 교사 교육자가 교과내용학 전공이든 교과교육학 전공이든 이러한 수행 맥락성을 고려해 교육과정을 구성해야 한다.

교사 교육자의 AI 예비 교사 교육을 위한 교육 연구 역량은 기존 대학 교수의 역량에 담아지지 않은 부분이지만 매우 중요하다. 교사 교육은 학교 현장 친화적이어야 하지만, 때로는 다양성, 복잡성이 가득한 현장에서 한발 물러나서 전체를 조망하며 AI 교육에서 부족한 부분을 집어내고, 좋은 사례는 발굴 및 분석해야 한다. 또한, 이러한 탐색을 통해 현장 친화적이며 과학적으로 타당성이 확보된 AI 교육 지침을 제시하며 AI 교육 정책 입안과 실행에 기여해야 할 것이다.

이러한 AI 예비 교사 교육을 위한 교사 교육자의 역량은 다양한 방법으로 개발될 것이다. 대표적으로 교수 대상의 교육 역량 강화를 주관하고 있는 대학의 교수 학습 센터에서 AI 기술 및 교수법 세미나, AI 활용 및 융합 수업에 대한 수업 컨설팅, AI 활용 및 융합 교육과정 개발 공모전 등 다양한 제도와 교육적 지원이 필요하다. 이와 더불어 교수들 간의 학습 공동체 지원은 효과적인 교수자 전문성 개발의 방법(Hadar & Brody, 2018)으로 알려져 있기에, 교수들 간의 AI 교육 및 연구 소모임 지원도 고려할 수 있다. 이러한 교수들의 소모임은 교과 간 융합 수업으로 연계될 수 있기에, AI 교육뿐만 아니라 미래 교육을 위한 융합 교육과정의 실현으로도 긍정적이다.

참고문헌

교육부(2023.2.24). 디지털 기반 교육 혁신 방안. ≪교육부 보도자료≫(2023.2.24.).

교육부(2023.3.29). 『유치원 및 초등·중등·특수학교 등의 교사자격 취득을 위한 세부기준』, 교육부 고시 제2023-14호.

김현진 외(2024). 『현장교사가 함께 집필한 디지털교육』. 교육과학사.

성소연 · 박혜영(2021). 대학 교수자를 위한 교수역량 자가진단도구 개발. ≪순천향 인문과학논총≫, 40권 4호, 127-152.

양은하 · 정재삼(2010). 교수역량 증진을 위한 변화필요도 분석. ≪교육공학연구≫, 26권 2호, 25-52.

Hadar, L. L., & Brody, D. L.(2018). Individual growth and institutional advancement: The in-house model for teacher educators' professional learning. *Teaching and Teacher Education, 75*, 105-115.

06
예비 교사의 지속적 AI 역량 함양 교육과정 설계

대학교 캠퍼스 내 교육 경험은 교양, 교직, 전공으로 구성되는 교과 교육과정과 동아리 활동, 교수 학습 센터 특강 및 행사 참여 등 비교과 교육과정으로 구분된다. 이 장에서는 국내외 예비 교사 AI 역량 교육과정 정책 동향과 사례를 살펴보고, 예비 교사의 지속적 AI 역량 함양을 위한 교육과정 설계 방향을 논의한다.

AI와 야구?

해외 예비 교사 AI 역량 개발 교육과정 동향

학생 주체성(student agency; OECD Learning Compass 2030)과 학생 성장 중심 맞춤형 교육이 강조되면서 (2022 개정 교육과정), 예비 교사의 AI (교육) 역량 강화를 위한 교육과정에 대한 요구도 달라지고 있다. AI 이슈와 함께 해외 여러 국가가 예비 교사 AI 역량 관련 교육과정을 마련했다. 주로 AI · 디지털 교육 역량 개발을 강조, 교사 교육에서의 기술 통합과 개인화 학습 지원을 중점적으로 추진하고 있다.

미국은 2016년 「국가 교육 기술 계획」에서 예비 교사 교육에 기술 통합을 명시, 2024년 교사의 디지털 디자인 격차 해결을 위한 체계적 지원안을 마련했다(U. S. Department of Education, Office of Educational Technology, 2016; 2024). 특히 미국은 AI 교육과정에 교사 역할을 강조하는 HITL 개념을 중심으로, 최종 결정자로서 교사의 AI 설계와 평가 능력 향상, 개인화에 중점을 두고 있다(Cardona et al., 2023). 핀란드 교육부는 연구 기반 교사 교육 모델로 AI 기반 교육 문제 해결 방법 습득과 적응형 알고리즘 기반 개인화 학습 설계 지원 전략을 마련하고 있다(Chung, 2022; Opetus-Ja Kulttuuri-ministerio, 2022).

또한 여러 국가에서 국가 단위 AI (교육) 역량 체계를 마련했다. 캐나다 교육부는 AI 융합 교육의 국가 표준 프레임워크를 도출, 2019년 고등학교 교육과정 검토와 새로운 교육과정의 시범 운영을 거쳐 2020년 1월 현직 교사와 예비 교사 대상 교육 안내서를 발행했다. 2022년에는 AI를 문해력의 하나로 간주하고 AI 기본 개념과 교육과정 적용 체계를 마련한 바 있다(Actua, 2022). 핀란드 교육부도 AI 통합 교사 역량을 국가 차원에서 강조, 2015년 디지털 도약 정책에서 예비 교사 교육 및 디지털 보조 교사 훈련, 예비 교사의 주도적 역량 개발 기회 확대, 전문성 확보 교육 시스템 전환, 역량 중심 경력 개발 경로 지원 국가 수준 역량 프레임워크 등을 마련했다(Opetus-Ja Kulttuuriministerio, 2022). 노르웨이 또한 2012년 '전문 디지털 역량(Professional Digital Competence)' 프레임워크를 개정해 예비 교사가 AI 기반 학습 관리 시스템(LMS)으로 학생 진도를 모니터링하고 맞춤형 피드백을 제공하도록 지원하고 있다(Redecker, 2017).

해외 국가의 AI (교육) 역량 교육과정 사례에서 공통으로 강조되는 또 다른 요소는 AI 교육에서의 윤리적 고려다. 특히 유네스코는 2018년 'AI 윤리 가이드라인'을 통해 교육, 데이터 관리, 개인 정보 보호 등 다양한 분야의 윤리적 AI 사용을 논의하고, 2022년 '인공지능 윤리 권고안'을 통해 인권, 지속 가능성, 사회 정의 중심의 윤리적 AI 개발과 사용 촉진 글로벌 기준을 제시하였다. 최근 2023년 '교육에서의 AI 윤리 가이드라인'을 통해 교육 분야 AI 사용에 따른 윤리적 문제를 강조, 책임 있는 AI 사용을 촉구하는 지침을 명시하고 있다(UNESCO, 2018; 2022b; 2023).

이처럼 국가별 AI 관련 정책 시행 시기와 방향에 차이가 있으나, 일반적으로 과거 테크놀로지 통합 정책 및 미디어 · 디지털 리터러시, SW 교육 정책을 기반으로 기존 교육과정을 개선 확장하고 있다. 이를 통해 횡단 역량으로서 국가 단위 AI (교육) 역량 로드맵을 마련, 예비 교사의 AI 소양, AI 융합 교육과 기술 통합 역량 중요성을 공통으로 강조한다. 또한 윤리적 수행 과정을 위한 지침 마련과 지속적 AI (교육) 전문성 확보를 위한 지원 방안을 모색하고 있다.

국내 예비 교사의 AI 역량 개발 교과 교육과정

예비 교사 교과 교육과정은 전공, 교직(이론, 소양, 실습), 교양으로 구성된다. 교양 과목은 다양한 지식과 사고력 함양을, 교직 과목은 교직 이론과 교직 소양, 교육 실습을 통한 교육 역량 함양에 중점을 둔다. 전공 과목은 특정 분야 심화 학습을 제공해 전문성 함양을 목적으로 한다. AI 교육 역량 개발을 위해, 각 대학은 전공 과목이나 교양 과목에 AI 교과목을 도입하는 교육과정을 마련하고 있으며, 일부 대학은 교직 및 전공 과목에 AI를 통합해 도입하고 있다.

교육부(2021.6.23)는 교원 양성 기관 교직 과목, 필수 교양 등의 교육과정에 원격 교육, AI 활용 역량, 기후 환경, 포용 사회, 인권 등 미래 소양 관련 내용을 반영하도록 권고했다. 이에 「초·중등 교원양성대학 인공지능(AI) 교육 강화 지원 사업」을 통해 일부 대학 공통으로 예비 교사 전체 재학생 대상 AI 기초 교육과정을 마련했으며, 대학별로 차별화된 AI 교육과정 모형을 개발 적용하고 있다. 먼저, 교육과정의 신규 도입 측면에서 춘천교육대학교는 AI 관련 교양, 교직, 전공 과목을 신규 개발하고 교육과정 이수 체계에 적용했으며, 성균관대학교는 AI 융합 기술 기반 현장 중심 교육과정 및 간학문 연계 교육과정을 강화했다. 다음으로 학습자 역량 측면에서 서울대학교는 역량 기반 교육과정 개발 및 AI 데이터 활용 문제 해결력 함양을, 이화여자대학교는 AI 융합 수업 디자인 역량 강화 교직 과목 교육과정을 개발해 실질적 학습자 역량 강화를 목표로 하고 있다. 마지막으로, 교육과정 운영 방식 측면에서 대구교육대학교는 인공지능 교육 역량 인증제 특화 프로그램을, 공주대학교는 AI 심화 교육 프로그램 및 교내 인증제 연계형 교육과정을 도입해 AI 교육 전문성 함양과 체계적 인증 방식을 마련했다.

2022년 8월 정부는 '디지털 인재 양성 종합 방안'을 통해 2026년 100만 디지털 인재 양성 목표를 설정, 교원의 디지털 전문성 향상, AI와 에듀테크를 활용한 교육 혁명, 디지털 혁신 지원 교육 환경 구축, 교육 데이터 표준화 및 활용 촉진 등을 발표하였다. 이에 예비 · 현직 교사의 AI · 디지털 역량 강화를 위해 구축된 민 · 관 · 학의 지원 체제로, 아이들의 미래 삶과 궁금증에 답한다는 의미의 아이에답(AIEDAP: AI Education Alliance & Policy Lab) 사업을 추진, 교사대, 민간 기업, 시도 교육청 선정 및 연계를 통해 예비 교원 대상 교육 사업을 추진하고 있다(교육부, 2022.12.22).

교육부는 2022 개정 교육과정에서 디지털 소양을 기초 소양으로 강조, 교사 교육 중요성에 따라 예비 교원의 디지털 · AI 교육 역량 함양을 위한 유치원 및 초등 · 중등 · 특수학교 등의 교사 자격 취득을 위한 세부 기준으로 '디지털 교육(인공지능 교육 포함, 디지털 교육 이해/활용/융합/윤리 교육)' 과목을 추가해, 교육부 고시 제2023-14호(2023.3.29)에 따라 2024학년도 이후 입학자 대상 교직 소양 4과목(6학점 이상) 이수를 명시해 대학별 교직 과목 개설 운영이 이뤄지고 있다(교육부, 2023). 또한 교육부는 2024년 디지털 교육의 핵심 가치와 주요 쟁점에 대한 기본 원칙으로 '디지털 교육 규범'을 발표해, 예비교사를 포함한 교육계의 AI 윤리 교육 및 실천 기준을 마련했다(교육부, 2024).

국내 예비 교사 AI 역량 개발 교과 교육과정은 기존 SW 교육과 코딩 중심 교육을 넘어 AI와 첨단 기술을 포괄하는 방향으로 전환하고 있다. 정부의 디지털 인재 양성 방안 및 교육부 권고안에 따라, 각 대학은 예비 교사 AI 역량 또는 AI 전문성 강화를 위한 AI 교과목 및 인증 체계를 도입해 교육과정을 개선하고 있다. 이러한 변화는 국내 교육 시스템이 미래 지향적 방향을 모색하고 있음을 시사한다. 반면, 기존 정책에 따라 시행된 대학과 전공별 AI 과목 개설 현황이 상이하거나 중복되는 문제, 기존 교육과정 답습, AI시대 신기술 역량 요구에 따른 교육 내용 체계화 부재, 선택권 제한, 현장 전문성 한계, 자원 접근성 격차, 현장 괴리 등의 도전 과제를 수반한다.

국내 예비 교사의 AI 역량 개발 비교과 교육과정

예비 교사의 AI 역량 개발을 위한 비교과 교육과정은 동아리 활동, 디지털 AI 교육 프로그램과 행사, 진로 탐색 및 취·창업 프로그램, 봉사 활동 프로그램, 심리 상담 정서 지원 프로그램 등으로 구성되며, 교수 학습 센터, 학생지원처, 학과 전공 부서, 학생 자치 등 다양한 주체가 운영하고 있다. 이러한 비교과 활동은 예비 교사의 AI 활용 능력, 데이터 분석, 디지털 소양 등 AI 교육 역량과 소통, 협력, 리더십, 문제 해결력 등 핵심 역량 개발의 실제적 기회를 제공한다. 또한 비교과 활동으로 예비 교사는 AI 기술을 교실 안팎의 다양한 학습 경험을 연계 적용할 수 있다.

학생 자치로 이뤄지는 대학 내 AI 동아리에서 예비 교사는 자발적으로 AI 기술을 연구하고 해커톤, 스타트업, 해킹데이, 멘토링 등의 프로젝트를 진행하며 실질적 AI 경험을 쌓을 수 있다. 이러한 활동은 예비 교사가 AI 또는 교육 이론을 실습에 적용하고, 다양한 참여자와의 협력을 통한 실제적 문제 해결 능력 함양을 지원한다. 또한 대학 내 교수학습센터(CTL)는 정기적 특강, 워크숍, 에듀테크 세미나, 사례 연구, 모의 수업, AI 진로 설계 프로그램 등 AI 교육의 질 관리 및 향상을 위한 자원을 제공해, 대학 구성원의 학습성과 증진과 교육 혁신을 추구한다. 예를 들어 외부 전문가를 초청해 최신 AI 기술 동향을 소개하고, 실습 세션을 통해 예비 교사가 직접 AI 도구를 다뤄 보는 기회를 제공할 수 있다. 그 외 사범대 특화 비교과 프로그램으로 대면 현장 중심 AI 교육 실행을 위한 수업 역량 강화 프로그램 사례가 있다. 성균관대학교는 사범대생 대상 온라인 AI 교육 워크숍(AI 기반 학습관리 시스템, AI 기반 에듀테크 실습), AI 교육 해커톤, AI 전문가 초청 특강, 공통 캡스톤 디자인 등을 추진했으며, 또한 이화여자대학교는 AI 활용 연계 수업을 온라인 비교과 프로그램으로 개발 운영한 바 있다(교육부, 2021.6.22).

이상 예비 교사의 AI 역량 개발을 위한 비교과 교육과정 운영 사례는 예비 교사의 AI 기술 탐구, 실습, 현장 중심 역량 강화를 지원한다. 한편, 기존 비교과 교육과정 개발 운영이 다양한 주체의 연계 없이 중복적 일회성 행사로 운영되는 경우가 많아, 디지털 시민 소양, 실무 적용, 교육 역량 심화 등 장기적 총체적 관점의 역량 지원에 한계를 가진다. 이는 기존 비교과 프로그램 운영 개선과 더불어 AI 역량 관련 진로 및 취·창업 지원, 기술 전문가 또는 현장 교육 프로그램 연계, 리더십 및 협력 역량 강화, 정서 지원 복지 프로그램 등 관련 주체 간 체계적 개발 운영을 통해 보완, 확장할 수 있을 것이다.

예비 교사의 지속적 AI 역량 함양을 위한 교육과정 설계 방향

국내 예비 교사 AI 역량 교육과정의 한계는 정책과 현장 격차, 인적 · 물적 자원 부족, 기존 교육 구조 및 문화 충돌 등으로 인해 발생하며, 이러한 문제들은 구조적, 운영적, 인식적 차원에서 나타난다. 국내외 교육과정 관련 정책에서 예비 교사 대상 AI 융합 교육 및 개인화 학습 설계의 중요성을 강조하지만, 국내 교육과정은 여전히 시대적 요구와 교육 현장의 변화를 충분히 반영하지 못하고 있다. 변화하는 기술 사회 속에서 예비 교사가 핵심 AI 소양과 융합 교육 역량을 지속 함양하도록 지원하는 교육과정 혁신이 필요하다.

예비 교사 AI 역량 함양 교육과정을 위해서는 교육의 본질적 가치를 중심으로 종 · 횡단적 요소를 고려한 총체적 접근과 개방형 학제 전환을 전제해야 한다. 디지털 학습 세대 예비 교사 집단의 교수 학습 문화 유연성과 자율성을 존중하고 미래 교육자로서 필요한 역량을 종합 함양하도록 지원할 때, 이들의 변혁적 전문성과 적응력 확장을 기대할 수 있다. 다음 장에서는 이러한 교육과정의 목표를 실현하기 위한 구체적인 교육 모델과 설계 방안을 제시한다.

참고문헌

교육부(2021.6.22). 2021년 초·중등 교원양성대학 인공지능(AI) 교육 강화 지원 사업 선정 결과 발표. ≪보도자료≫.

교육부(2022.12.22). '민·관·학' 힘을 합쳐 (예비)교원의 디지털 역량 강화 추진: (예비)교원의 디지털 역량 강화 추진체제 'AIEDAP'(아이에답) 연수회 개최. ≪보도자료≫.

교육부(2023.3.29). 「유치원 및 초등·중등·특수학교 등의 교사자격 취득을 위한 세부기준」, 교육부 고시 제2023-14호.

교육부(2024). 디지털 교육 규범.

Actua(2022). *AI Handbook*. Actua.

Cardona, M. A., et al.(2023). Artificial intelligence and the future of teaching and learning: Insights and recommendations, Office of Educational Technology. Retrieved from https://coilink.org/20.500.12592/rh21zz

Chung, J.(2022). Back to the future: The Finnish 'lab school' and its role in research-based teacher education. *Impact Journal*. https://my.chartered.college/impact_article/back-to-the-future-the-finnish-lab-school-and-its-role-in-research-based-teacher-education/

Opetus-ja kulttuuriministerio(2022). *Opettajankoulutuksen kehittamisohjelma uudistettiin vastaamaan 2020-luvun*

tarpeita.
https://okm.fi/
Redecker, C.(2017). *European framework for the digital competence of educators: DigCompEdu.* Publications Office of the European Union.
https://joint-research-centre.ec.europa.eu/digcompedu_en
UNESCO(2018). *Guidelines on AI and Ethics in Education.*
UNESCO(2022a). Final Report on the Draft Text of the Recommendation on the Ethics of Artificial Intelligence. UNESCO.
UNESCO(2022b). Towards a common definition of micro credentials.
UNESCO(2023). *Guidelines for AI and Ethics in Education.*
U. S. Department of Education, Office of Educational Technology(2016). *National Educational Technology Plan.* Washington, DC.
U. S. Department of Education, Office of Educational Technology(2024). *National Educational Technology Plan.* Washington, DC.

07
AI 배움과 실천을 위한 예비 교사 교육 모델

예비 교사의 AI 배움과 실천을 지원하는 교육 모델을 탐구한다. 빠르게 발전하는 AI 기술과 교육 환경 변화에 대응해, 기존 교육과정 또는 교육 방식의 한계를 넘어서는 접근이 필요하다. 다양한 맥락에서 시도되고 있는 정책 및 교육 혁신 사례와 함께 예비 교사의 변혁적 AI 학습과 실천 과정을 지원하는 교육 모델을 제시한다.

AI와 윤동주?

예비 교사를 위한 AI 교육: 자율성과 연계성을 중심으로

급변하는 AI 기술 사회는 예비 교사에게 지속적 AI 교육 역량 함양을 요구한다. 교육적 가치를 중심으로 이러한 변화에 대응하고 변화를 주도하기 위해서는 자율성과 연계성을 중심으로 한 예비 교사의 AI 학습과 실천 과정을 지원하는 교육 모델이 필요하다. 이를 위해서는 전통적 교육과정 또는 교육 모델을 넘어 학습자 중심 환경 설계와 실제 맥락에서의 지속적 역량 함양에 중점을 두어야 한다.

예비 교사가 교수 학습자로서 디지털 시민으로서 기술 사회적 실천을 주도적으로 설계하고 수행할 수 있도록 도와야 한다. 이러한 교육 공학적 설계 접근은 다음 세대를 위한 교육 모델의 방향을 제시한다. 구체적으로 국가 수준 AI 역량 체계 기반 자율형 교육과정 설계, 모듈형 소단위 학위 과정 설계, 실습 맥락 확장형 교육 설계, 다 주체 연계형 교육 협력 설계, 마이크로 인증 설계 사례와 설계 방향을 제언한다. 이를 고려한 총체적 교육 모델은 예비 교사의 AI 심화 학습과 교육 적용, 더 나아가 차별화된 교육적 가치 창출을 지원할 것이다.

국가 수준 AI 역량 체계 기반 자율형 교육과정 설계

교육 혁신을 주도하는 예비 교사 교육을 위해서는 국가 표준을 기반으로 한 자율적 역량 함양 지원 교육과정이 필요하다. 먼저 기술 소양, 교육 전문성, 디지털 시민 역량을 포함하는 생애 단위 프레임워크에 기반한 국가 공통 내용 체계가 전제되어야 한다. 이를 통해 예비 교사의 자율적 AI 교육 역량 개발 과정을 분석, 관리, 지원할 수 있다. 핀란드와 같이 국가 수준 횡단 역량(transversal competencies; Opetus-Ja Kulttuuriministerio, 2022) 내용 체계에 기반한 교육과정 로드맵 설계로 예비 교사의 AI 역량 여정·지도를 제공할 수 있다. 이는 기존 교원 양성 기관별 교육과정 편성에 따른 '교과 및 내용 중복'과 '내용 수준 격차' 등의 문제를 해결하는 대안이 된다. 즉 60년 커리큘럼(60 year curriculum; Dede et al., 2020)과 같은 체계적 맞춤형 생애 단위 AI 역량 관리를 안내하는 역할을 한다.

나아가 국내외 기관 AI 교육과정 분석과 연계로 국제 표준 교육과정을 마련해 신뢰와 효용성을 확보할 수 있다. 이를 통해 예비 교사는 개인 프로젝트와 교과 과정을 자율 선택함으로써 교사로서 AI 역량을 체계적이고 점

진적으로 확장할 수 있다. 이러한 맞춤형 설계 경험은 교수자 개인의 AI 교육 역량 전문성 지속과 더불어, 궁극적으로 미래 학습자 개인화와 디지털 시민성 함양을 지원하는 AI 도구 설계와 평가 역량으로 이어질 것이다.

모듈형 소단위 학위 과정 설계

기술 변화는 스킬 갭(Skills Gap) 현상을 초래해 학습자 요구와 교육 간 격차를 만든다. 이를 해소하기 위해 소단위 학위 과정(Micro Degree) 도입을 고려할 수 있다. 소단위 학위 과정은 교과 교육, 비교과 교육, 제도권 외 교육과정 등의 연계와 수업 선택 자율권, 경력 인증제 대안이다. 예를 들어 MIT는 edX와 협력해 AI 심화 학습 온라인 과정(MicroMasters)을 운영, 석사 학위 학점으로 인정하고 있다.

소단위 학위 과정은 ① 적은 학점(9~12학점)으로 세부(심화) 과정을 이수해 학습 부담을 줄이고 심화 학습을 지원하고, ② 연계 · 융합된 신분야 학습을 지원하는 제도로, 대학은 ③ 타 대학 · 산업계 연계 협업으로 교육과정 설계 운영이 가능하며, 학생은 ④ 이수증, 졸업증명서 등으로 이수 결과를 발급, 취 · 창업에 활용할 수 있다(교육부, 2023.4.11). 2024년 4월 교육부의 고등교육법 시행령 개정안은 다양한 분야의 교육과정을 이수하고 융복합 분야로 확대할 수 있는 소단위 전공을 학칙에 따라 운영하는 법제를 마련했다(교육부, 2023.4.11).

기존 소단위 학위 과정은 단기성을 가질 뿐 정해진 과목을 이수하는 형태다. AI 시대 예비 교사 AI 역량 함양을 위해서는 개인의 전문성 개발 계획에 따라 경로를 자율 선택하고 설계할 수 있는 적응적, 심층적 모듈형 소단위 학위 과정 설계가 필요하다. 모듈형 소단위 학위 과정은 다양한 교육기관과 협력해 학습자가 여러 분야의 독립적 모듈을 조율하고 이수할 수 있는 구조로 설계될 수 있다.

실습 맥락 확장형 교육 설계

예비 교사의 AI 교육 현장 실습 맥락 확장형 교육 모델 설계도 중요한 과제다. 기술 사회 변화는 학교 현장에 새로운 직무 역량을 요구한다. 이에 기존 예비 교사 교육과정의 제한적인 교육 실습으로는 이론 교육과 현장 실습의 괴리를 해소하기 어렵다. 대안으로 예비 교사가 실제적 학습 환경에서 지속적으로 학습할 수 있는 실습 맥락 확장형 교육 모델이 필요하다.

이 교육 모델은 AI기반 실습 프로그램을 중심으로 설

계되며, 예비 교사는 대면 및 비대면 환경에서 실습 학교의 학생 또는 현장 교사, 학습 데이터 등 인적 · 물적 자원에 접근할 수 있다. 이를 통해 '분석', '설계', '실행', '평가', '개선' 과정에 참여하며 지속적 AI 활용 교육 실습 경험을 쌓을 수 있다.

첨단 기술 통합을 통해 이 모델은 다양한 형태의 온오프라인 교육과정, 맞춤형 교육과정과 연계해 설계 제공할 수 있다. MOOC와 플립드 교실과 같은 혼합 학습(High-Tech and Flexible Learning Model; Veletsianos et al, 2024)과 과거 예비 교사 교육 프로그램(SimSchool, TeachLiv) 확장형 메타버스 기반 학습 환경으로 실습 맥락을 확장, 다양한 학습자, 학습 환경, 교수학습 설계 요구에 따라 최적화가 가능하다.

다주체 연계형 교육 협력 설계

교육 혁신과 지속을 위해서는 학교, 지역, 기관 등 학교 안팎의 다양한 주체가 함께하는 연대 기반 교육 설계가 필요하다. 먼저, 교원 양성 기관 내 연계로 교과와 비교과 교육, 현장 맥락을 융합할 수 있다. AI 전공 교과와 비전공 교과 간 연계, AI 교과 교육 지원 CTL 프로그램, 인턴십, 스타트업, 창업 지원 등을 연계해 최신 기술 및 학습 이슈와 전문성을 반영한 실제 맥락을 제공할 수 있다.

다음으로 교원 양성 기관과 인근 대학 간 연계로 학점과 온오프라인 인적, 물적 교육 자원 교류가 가능하다. 학교 간 공동 교육과정 운영을 통해 기관별 장단점을 활용할 수 있다.

더 나아가 교원 양성 기관과 지역사회의 연계로 사회적 AI 역량 요구에 대응할 수 있다. 지역 내 교육 기관, 산업체, 연구소와 협력해 교육 프로젝트, 실무 중심 AI 교육 프로그램 개발, 전문가와 현장 교사 그리고 예비 교원 간 멘토링으로 개인 AI 역량 함양과 지역사회 기여, 진로 개발 여정이 순환되는 교육과정 실현이 가능하다.

교육부도 2024년 국립대학 육성 방안에서 AI 융합 교육, 맞춤형 교육, 대학 간, 대학과 지자체 협력, 연구 산업 연계, 글로벌 확대 등 추진 과제를 명시한 만큼(교육부, 2024.1) 교원 양성 기관의 실질적이고 지속 가능한 연계형 교육과정 실행 여부가 중요하다.

마이크로 크레덴셜 설계

AI 시대에 요구되는 자격증인 마이크로 크레덴셜(Micro-credentials)은 신속한 업스킬링과 리스킬링, 유연한 학습 경로, 공식 인증을 제공하는 효과적인 방법으로, 다수 국가에서 기술 격차 해소를 위해 교육 시스템에 통합되고 있다(Brown et al., 2021; UNESCO, 2022). 이러한 설계는 예비 교사들이 최신 AI 기술 및 지식을 단기적으로 학습하고, 자격을 증명하며, 지식재산(IP)을 활용할 수 있도록 하여 시의적절한 AI 역량 함양과 교원 자격의 질적 향상에 기여한다.

마이크로 크레덴셜의 한 형태인 오픈배지(Open Badges)는 메타버스, MOOC, 비형식 교육 기관 등 다양한 맥락에서 역량을 인정받고 학습 이력과 성과를 온라인 포트폴리오로 가시화하는 방법이다. 예를 들어, 'Python 프로그래밍 기초'와 같은 단기 온라인 코스를 완료한 후 오픈배지 인증서를 발급받을 수 있다. 이러한 마이크로 크레덴셜을 중심으로 한 교육 모델 설계로, 예비 교사는 개별 학습 목표에 맞춘 학습 경로를 설계하고, 필요에 따라 역량을 신속하게 개발할 수 있다. 이를 효과적으로 구현하기 위해서는 품질, 투명성, 국가 간 비교 가능성, 인정 및 이전 가능성 보장을 위한 공통 표준이 반드시 수반되어야 한다(OECD, 2023).

참고문헌

교육부(2023.4.11). 교육부 소관 2개 안건 국무회의 통과: 소단위 학위 과정 관련 개정령안 발표. ≪보도자료≫.
교육부(2024.1). 2024년 국립대학육성사업 기본계획.
Brown, M., et al.(2021). The global micro-credential landscape: Charting a new credential ecology for lifelong learning. *Journal of Learning and Development, 8*(2), 228-254.
Dede, C., et al.(2020). *The 60-year curriculum: New models for lifelong learning in the digital economy.* Routledge.
OECD(2023). *Micro-credentials for lifelong learning and employability: Uses and possibilities.*
Opetus- ja kulttuuriministerio(2022). *Opettajankoulutuksen kehittamisohjelma uudistettiin vastaamaan 2020-luvun.*
UNESCO(2022). *Towards a common definition of micro-credentials.*
Veletsianos, G., et al.(2024). How do Canadian faculty members imagine future teaching and learning modalities? *Education Tech Research and Development, 72*(10), 1851-1868. https://doi.org/10.1007/s11423-024-10350-4

08
예비 교사 중심의 AI 융합 교육 공간 설계

예비 교사 AI 융합 교육을 위해 어떠한 학습 공간이 제공되어야 하는가? 지난 10년간 미래교사교육센터, SWEET 사업 등 정부 지원으로 국립 교 · 사대에는 모의 수업 교실, 첨단 강의실, 메이커스페이스 등 첨단 기술 기반 공간과 기자재가 제공되었다. 이러한 공간 구축 사업의 의미는 무엇이고, 효과는 무엇이었는가? AI 시대 어떠한 교육과 연구 공간이 필요한지 제안하고자 한다.

AI와 한의학?

첨단 교육 공간 정책과 동향

미래 교육과 학교를 위한 논의가 진행되면서, 예비 교사의 기술 활용 역량을 강화하기 위한 첨단 공간이 교원 양성 기관 내에 증축되거나 신설되었다. 2020년, 교육부는 포스트코로나 시대에 맞춘 교육 전환을 위해 디지털 기반 고등교육 혁신 지원 방안을 발표하고, 대학 원격 교육 환경 개선을 위한 긴급 재정 지원과 대학 혁신 지원 사업 예산을 투입했다. 이를 통해 지역 내 대학 간 실험 실습실 및 취 · 창업 지원 공간 등 대학 간 자원 공유 활성화, 고속 전산망 구축, 우수 온라인 콘텐츠 확충을 추진했으며, 전국 10개 권역별로 거점 대학을 권역별 원격교육지원센터로 지정해 관련 인프라 구축을 지원했다(교육부, 2020.9).

첨단 기술 기반 교육 공간 구축을 통한 예비 교사 AI 역량 지원은, 2020년 한국판 뉴딜 사업과 교원양성대학 원격 교육 역량 강화 사업(교육부, 2020.7)으로 시작했다. 미래교육센터는 교원양성대학 소프트웨어 교육 강화 지원 사업(SWEET, 2018~)과 함께 코딩, 로봇공학, 3D 프린팅 등 다양한 실습 및 프로젝트 공간을 제공해 실제 교육 현장에서의 활용을 지원한다. 2021년에는 'SW · AI 디지털 교육 기반 조성 과제'와 '초 · 중등 교원

양성대학 인공지능(AI) 교육 강화 지원 사업'으로 선정 대학 공통 창의 융합형 인공지능 공간을 구축했다(국무조정실, 2022; 교육부, 2022). 2023년 이후, 미래교육센터는 빅데이터, AI, 에듀테크 기반 디지털 전문성 개발 지원 및 학교 현장과 사립대 디지털 기반 교육 혁신 지원을 중점 비전으로 수정, 현재 예비 교사의 디지털 기반 교육 역량 강화를 목적으로 전국 28개 대학에 구축 운영 중이다(한국과학창의재단, 2023).

최근 AI 기술 중심 디지털 전환 정책 본격화에 따라 예비 교사의 AI 소양 · 활용 · 융합 교육을 위한 혁신적 수업 설계 역량 중요성과 이를 위한 교육 방법 및 공간 혁신 필요성이 강조되고 있다. AI 융합 교육은 교육과정, 교과 목표, 주제 중심 교과 연계, 디지털(AI) 리터러시 수준의 교과 통합을 포괄하며, 관점에 따라 활용 교육의 연장선에서 논의되기도 한다(김현진 외, 2024). 전자의 측면에서 유네스코(UNESCO, 2021)와 미국, 영국, 캐나다, 호주, 인도 등 다수 국가가 학교급별 정규 교과 또는 주제 중심 AI 요소 융합을 권장하고 있어, 예비 교사 AI 융합 교육을 지원하는 공간은 기존 첨단 기술 지원 공간과 어떻게 차별화되어야 하는지에 대한 논의가 필요하다.

기존 첨단 교육 공간의 성과와 한계

국내 교원양성대학의 미래교육센터는 예비 교사의 다양한 교수법 실험과 상호작용 기반 교육 효과 극대화 기회를 제공, 원격 교육 역량 강화와 현장 적용 능력 함양을 목적으로 한다(교육부, 2021). 미래교육센터의 주요 공간은 하이브리드 강의 및 원격 교육 실습실, 콘텐츠 제작실, 특화된 디지털 학습공간으로 구축, 운영되고 있다. 대학별 미래교육센터 공간을 중심으로 기존 첨단 교육 공간의 성과와 한계를 분석해 미래 교육 공간 방향성을 살펴보고자 한다.

하이브리드 강의 및 원격 교육 실습실은 원격 수업 및 온오프라인 수업과 실습을 지원하는 공간이다. 대면 비대면의 다양한 교육 상황에 유연하게 대응할 수 있도록 설계되어, 교수와 학생들이 물리적 장소에 구애받지 않고 학습에 참여할 수 있다. 예를 들어 경인교육대학교와 부산대학교는 온오프라인 수업 동시 진행 하이브리드 강의실을, 안동대학교는 공학 실습과 같은 특정 교과 지원 실시간 및 3D 원격교육 지원 강의실을 구축했다(교육부, 2021). 기존 하이브리드 강의 및 원격 교육 실습실은 초기 원격 교육 지원 목적에 충실했으나, AI · 디지털 리터러시와 에듀테크 기술 변화에 따른 최신 교육 요구

반영이 어려운 구조적 한계를 가진다. 기술과 학습 요구 변화에 대응, AI 기술 가능성을 강화하는 적응적 공간 설계 방안 모색이 필요하다.

콘텐츠 제작실과 스튜디오 공간은 교육 콘텐츠를 개발하고 제작하는 데 필수적인 설비를 갖춘 공간이다. 이 공간은 고품질 영상 콘텐츠와 디지털 교육 자료 제작을 지원한다. 주요 사례로 경인교육대학교의 GCC 메인 스튜디오와 방음 스튜디오(교육부, 2021), 서울대의 원격 수업 실습과 제작 지원 공간 D SPACE, 공주교육대학교의 에듀테크 활용 수업 시연 영상 공유 플랫폼 등이 있다(한국과학창의재단, 2023). 이러한 공간은 단기적으로는 기반 예산 및 자원의 확보가 전제되지 않는다면, 고가의 첨단 장비와 소프트웨어의 정기적 업그레이드 한계와 전문 인력 지원, 사용자 요구 변화로 인한 활용도가 저하되어 구시대 인프라로 전락할 위험이 있다.

그 외 메타버스, VR, IoT 등의 첨단 기술과 3D 프린터, 피지컬 컴퓨팅 등 가상현실 공간과 첨단 기술 체험 활용에 중점을 둔 특화된 디지털 학습 공간이 있다. 공주대학교와 진주교육대학교는 메타버스와 IoT 기술 활용 수업 공간을(한국과학창의재단, 2023), 한국교원대학교는 메이커 기자재 및 장비 활용 공간과 VR 공간을 포함한다.

이를 통해 예비 교사의 첨단 기술 활용 콘텐츠 제작과 메이커 프로젝트 실습 및 비교과 프로그램 운영 등 현장 연계 기회를 지원하고 있다(한국교원대학교 미래교육센터, n.d.). 이러한 공간은 주로 기술 수준 및 장비 지원, 콘텐츠 품질에 의존하므로 개별 학습자의 충분한 체험 실습 활용을 위한 충분한 첨단 장비와 기자재 확보, 유지 관리와 업데이트, 전문 인력 지원이 필요하다. 또한 교사와 학습자 역량 수준 등에 따라 단순 체험에 그치는 등 실제 교육 현장에서의 적용 가능성이나 실질적 효과성이 제한적일 수 있다.

기존 첨단 학습 공간은 예비 교사에게 기술 활용과 체험 기회를 제공한다는 측면에서 기술 체험 신기성 측면의 효과는 있었으나, 교과 및 비교과 교육과정 특성 반영 및 현장 연계 부재, 예산 부족, 다인원 수용 및 활용 제한, 그리고 기술 변화 반영의 한계를 수반한다. 예를 들어 첨단 기술 수용과 구현에 치중해 교과별 자유로운 교수 학습 실험과 현장 적용력, 참여자 네트워킹, 개별 맞춤형 학습 관리를 위한 혼합 기술 및 공간이 부재한다. 또한 일회성 사업으로 산발적으로 구축된 공간은 예산 및 자원 확보 어려움으로 정책과 기술 동향 반영이 어려운 뒤처진 공간으로 전락할 수 있다. 무엇보다 정책 및 수행

주체 간 연계 부재로 공간과 인프라 중복으로 인한 자원 분산 문제가 발생하고 있다. 즉 최신 기술 수용만으로는 충분하지 않으며, 유기적 접근과 지속 가능성에 기반한 공간 설계가 필요하다.

예비 교사를 위한 AI 샌드박스: 기술 따라잡기에서 변혁으로

대학별 첨단 학습 공간 사례의 의미와 효과를 토대로, 예비 교사의 날개 달린 신발이 되어 줄 AI 융합 교육 공간에 대해 고민해 볼 시점이다. 기존 첨단 교육 공간이 단순 기술 따라잡기 설계로 인해 구시대 유물로 전락하는 신기성, 일회성 극복을 위해서는, 주 사용자인 예비 교사에 대한 관점 변화가 필요하다. AI 기술의 일방적 수용자가 아닌 기술문화 형성자로서 예비 교사를 중심에 두는 공간 구현 관점이다. 즉, 학습 환경 설계자로서 교사(OECD, 2018)의 AI 수업 설계와 실천, 전문성 개발 관리, 협력적 지식 구성을 지원하는 샌드박스와 같은 혁신 확산 공간은 사용자 또는 학습자로서 예비 교사의 요구와 AI 기술 윤리적 특성을 고려해 구현해야 한다.

설계자로서 예비 교사를 위한 설명 가능성 기반 학습 환경 설계 탐색 공간이 필요하다. 예비 교사가 현장 중심

AI 융합 교육 수업 아이디어를 구현, 적용할 수 있는 혼합형 공간이다. 이 공간의 AI 시스템은 수업 설계자 예비 교사가 AI가 제공하는 분석 결과와 추천 근거를 명확히 이해하고, 수업 설계 과정에 활용되는 다양한 데이터를 충분히 해석하고 활용할 수 있도록 하는 AI 설명 가능성(explainability; Miller, 2019)을 전제로 구현해야 한다. 이를 위한 물리적 공간은 학습 목적에 따른 활동 기반 작업(Activity-based Working; Tokumura et al., 2023) 지원, 모듈형 인테리어, 센싱 및 모니터링 적응형 기술 통합 등의 요소를 포함해 다양한 수업 설계 활동을 지원할 수 있다. 또한 데이터 기반 공간 에너지 문제에 대응하는 설비와 인테리어로 교실 내외 또는 형식과 비형식 맥락의 연결을 지원하는 웰빙 요소를 구현해 수업 설계 아이디어 창출 맥락을 확장할 수 있다.

다음으로 실행 역량 측면에서 신뢰성 기반 교육 실습 시뮬레이션 공간이 필요하다. 예비 교사의 교육 현장 중심 AI 역량과 문제 해결력 함양을 체계적으로 지원할 가상 교육 실습 환경으로, 혼합현실, 가상현실, 3D 시뮬레이터 기술로 구현할 수 있다. 이 공간은 예측과 결정을 신뢰할 수 있는 AI 신뢰성(reliability; Microsoft, n.d.)을 전제로 설계되어, 교육 실습 시뮬레이션 환경 현실성과

정확성을 보장, 예비 교사들이 다양한 교육 상황을 경험하고 준비할 수 있도록 지원한다. 이를 위한 공간은 최근 AI 기술, VR/AR 장치, 클라우드 플랫폼, 웨어러블 장치 통합으로 영역과 활용 범위가 확장되었다(Dahan et al, 2022). 예를 들어 교육 분야 가상 학습자, 디지털 휴먼과 디지털 트윈 현장 구현으로 교과 연계 교육 실습 성찰이 가능하다. 나아가 예비 교원의 AI 교육 전문성과 디지털 시민 역량 함양을 위한 지속 가능 공간으로 확장할 수 있다.

투명성에 기반한 초개인화 역량 설계 공간도 중요하다. 학습자 또는 교수자로서의 예비 교사를 위한 적응적 맞춤형 개인 학습 경로 지원 공간으로, 교육 역량 및 소단위 학위 과정 이수와 마이크로 크레덴셜 이력 등 온라인 데이터와 오프라인 교수 학습 경험 데이터 수집 분석, 피드백을 제공한다. AI 시스템의 내부 동작과 의사 결정 과정이 외부에서 명확히 드러나는 투명성(transparency; Giordano et al., 2020) 설계를 통해 예비 교사는 개인 데이터 활용을 제어하고 결과를 신뢰할 수 있으며, 지속적으로 생애 단위 전문성 개발에 활용할 수 있다. 이를 위한 물리적 공간은 IoT, 빅데이터, 클라우드 컴퓨팅, 학습 관리 시스템(LMS), 학습 분석 기반 대시보드 등의 기술 통합으로 다양한 관계자의 교수 학습 데이터 기반 의사결정(Sampson et al., 2022)을 지원한다.

협력 및 사회적 맥락 지원 측면에서 보안성 기반 협력 네트워킹 촉진 공간이 필요하다. 예비 교사 개인, 지역사회, 글로벌 차원의 연계를 통한 교수 학습 실천 공간으로, 교수자와 학습자, 전문가, 동료 교수자 간 집단지성 기반 교육 문제 해결과 혁신 실천을 지원한다. 테크놀로지 혁신 확산을 위해서는 이해관계자 간 커뮤니티 형성이 필수다(Kopcha, 2010). 이러한 네트워킹 공간은 학과 간, 학교 간, 학교 지역 간, 학교 기업 간의 자원 공유와 확산 기회를 증대할 것이다. 이 공간은 AI 보안성(security; IBM, n.d.)을 전제로 설계하여, 데이터 보호와 악의적 공격 대응을 통한 안전한 협력 보장이 필요하다. 이를 위한 물리적 공간은 개인 연구와 공유를 지원하는 유동적 회의 공간, 공동 작업 지원 도구 및 인테리어, 대규모 라운지 등 비공식적 교류를 포함하는 장소로 온오프라인 맥락을 포함해 설계해야 한다.

인프라 측면에서 순환적 자원 창출이 이뤄지는 AI 통합 공간이 필요하다. 기존 공간은 일회성 정책 예산, 기존 건물 재설계 및 일부 증축으로 물리적 공간 제약, 기기 부족 또는 중복, 기술 안정성 등 한계를 가진다. 대안으로 지속 가능 운영과 개선을 지원하는 공간이 필요하다. 운영 측면에서는 순환적 자원 창출 시스템이 필요하다. 교과, 비교과 교육과정 학습 공간, 교육 실습, 초개인화, 네트워킹 공간에서 생성되는 다양한 인적, 물적 자원을 통합해 자체 자원 기반 마련과 예산 창출, 유지 보수가 가능하다. 다음으로, 개선 측면에서는 기술 발전과 사용자 요구에 적응하는 업그레이드 지원 시스템이 필요하다. 학교 내외 공간 및 기자재를 연계 활용하는 물리적 자원 통합 시스템을 포함한다. 이러한 AI 통합 공간은 증가하는 데이터 자원 처리 요구에 따라 성능 유지 조정이 가능한 AI 확장성(scalability; Mishra, 2024) 기반 설계로 내부 자원 순환과 외부 자원의 적응적 활용을 효율적으로 지원할 수 있다.

이상, 각 공간에 따라 주요 특징을 강조할 수 있지만, AI 기술 윤리 특성은 단독으로 적용하기보다는 전체 특성을 종합적으로 고려해야 한다. 각 기술 윤리 특성이 상호작용하고 균형을 이루는 방식으로 공간에 융합될 수 있다. 이러한 유기적 접근을 통해, 예비 교사에게 적합하고 신뢰할 만한 사용자 경험을 제공하는 AI 융합 교육 샌드박스 공간 지원이 가능할 것이다.

참고문헌

교육부(2020.7). 교원양성대학 원격 교육 역량강화사업 시행계획.

교육부(2020.9). 포스트 코로나 미래교육 전환을 위한 디지털 기반 고등교육 혁신 지원방안.

교육부(2021). 교·사대 미래교육센터의 구축·운영 성과를 공유합니다. ≪교육부 보도자료≫.

교육부(2022). 디지털 인재양성 종합방안 발표. ≪대한민국 정책브리핑≫.

국무조정실(2022). 120대 국정과제: 자율과 창의로 만드는 담대한 미래.

김현진 외(2024). 『현장교사가 함께 집필한 디지털교육』. 교육과학사.

한국과학창의재단(2023). 예비교원의 디지털 기반 교육 역량 강화를 위한 미래교육선터 역할 재점검 및 개선방안.

한국교원대학교 미래교육센터(n.d.). 미래교육센터. https://infe.knue.ac.kr/www2/main

Dahan, N. A., et al.(2022). Metaverse framework: A case study on e-learning environment (ELEM). *Electronics, 11*(10), 1616. https://doi.org/10.3390/electronics11101616

Giordano, S., et al.(2019). UPRISE-IoT: User-centric privacy & security in the IoT. *Security and Privacy in the Internet of Things.*

IBM(n.d.). Cybersecurity. https://www.ibm.com/kr-ko/topics/cybersecurity

Kopcha, T. J.(2010). A systems-based approach to technology integration using mentoring and communities of practice. *Educational Technology Research and Development, 58*(2), 175-190.

Microsoft(n.d.). *Examine Microsoft AI principles - Reliability*

and safety.
https://learn.microsoft.com/en-us/training/modules/examine-microsoft-committed-responsible-ai/4-examine-microsoft-ai-principles-reliability-safety

Miller, T.(2019). Explanation in artificial intelligence: Insights from the social sciences. *Artificial Intelligence, 267*, 1-38. https://doi.org/10.1016/j.artint.2018.07.007

Mishra, A.(2024). *Scalable AI and design patterns.* O'Reilly Media.

OECD(2018). *Teachers as Designers of Learning Environments: The Importance of Innovative Pedagogies.* OECD Publishing.

Sampson, D., et al.(2022). *Educational data literacy.* Springer. https://doi.org/10.1007/978-3-031-11705-3

Sheridan, K., et al.(2014). Learning in the making: A comparison case study of three makerspaces. *Harvard Educational Review, 84*(4), 505-531.

Tokumura, T., et al.(2023). Impacts of implementing activity-based working on environmental satisfaction and workplace productivity during renovation of research facilities. *Japan Architectural Review, 6*(1), e12345. https://doi.org/10.1002/2475-8876.12345

UNESCO(2021). AI and Education: Guidance for Policy-makers.

09
예비 교사 AI 역량 교육과 제도 기반

국내외 교육, 특히 예비 교사와 관련된 AI 정책을 탐색해 보고, 특히 한국의 관련 교육 정책의 가능성과 한계를 면밀히 살펴본다. 마지막으로 예비 교사의 역량 함양 및 지속적 지원을 위한 정책 방향을 제시한다.

AI와 화장품?

국내외 AI 역량 교육 정책과 제도: 적응과 맹목의 갈림길

전 세계적으로 AI 교육이 강조되며 다수 국가에서 교사 교육과 교원 양성 AI 교육 정책을 마련하고 있다. AI 교육 정책은 새롭게 등장하는 교육 기술에 능동적으로 대응하고, 학교와 교실에서 AI를 효과적으로 활용, 융합하는 예비 교사 역량 개발 지원을 목표로 한다. 이를 위해 기술, 사용자, 교육과정, 교수 학습 환경, 공간, 이해관계자, 지역사회, 글로벌 등 다각적 제도 기반이 마련되고 있다. 국내외 디지털 교육 정책을 중심으로 예비 교사 AI 역량 교육 제도 기반을 살펴보겠다.

미국은 국가 AI R&D 전략 계획(OSTP, 2020)을 바탕으로 2019년 유치원부터 12학년까지의 학생들을 위한 AI 교육 프레임워크(AI4K12)를 시작해 예비 교사 AI 교육 강화를 추진하고 있다. 2023년 미국 교육부는 교사와 학습자 중심 AI 시스템 마련 권장 사항과 증거 기반 AI 교육 모델, 데이터 보안 및 프라이버시 보호, 알고리즘 차별 보호 등을 통해 교사의 AI 교육 통합안을 마련하고(U. S. Department of Education, Office of Educational Technology, 2023), 학생 데이터 프라이버시 법(FERPA)과 알고리즘 차별 보호 관련 정책을 강조했다(White

House Office of Science and Technology Policy, 2020; ED OET, 2023). 이러한 정책들은 AI 교육의 질적 향상을 목표로, 교육 현장의 안전하고 효과적인 AI 기술 활용을 보장해 교수자가 전문적인 AI 교육을 수행하도록 지원한다.

영국은 2014년 디지털 포용 전략(GOV.UK, 2014)을 발표하고, 2018년에는 데이터보호법을 제정(GOV.UK, 2018)했다. 이어 2019년에는 디지털 역량 강화와 디지털 경제 발전을 목표로 학교와 대학 교육을 위한 정보통신 보안 기준과 교육에서의 아동 안전 지침(KCSIE) 마련을 통해 학생 보호와 데이터 보호를 강조했다(Department for Education, 2019). 2022년에는 교수 학습에서 AI 데이터 사용 윤리 지침을 발표했으며, 2023년에는 AI 규제에 대한 혁신적 접근 방식 보고를 통해 AI 위험 요소 식별 및 해결을 위한 프레임워크와 가이드라인을 마련했다(GOV.UK, 2022; 2023). 영국은 1960년대부터 미디어 리터러시 교육을 위한 생애 단위 프레임워크를 바탕으로 지속 가능 디지털 포용과 보호 정책을 발전시켜 왔다. 이와 관련해 핀란드 디지털 역량 프레임워크(Finnish National Agency for Education, 2022), 싱가포르 교원을 위한 미래 기술 역량 강화(SFEd; Ministry of

Education Singapore, 2020), 캐나다와 노르웨이의 전문적 디지털 역량(Redecker, 2017) 등 다수 국가가 국가 표준 역량 체계를 수립해 디지털 시민으로서 예비 교사의 지속적 전문성 함양을 위한 정책을 마련하고 있다.

유네스코는 예비 교사 AI 교육 지원을 위한 제도적 기반으로, 2021년에는 AI 교육 정책 입안자를 위한 가이드라인을 발표해 AI 기술의 교육적 활용을 위한 종합 지침을, 2022년에는 AI의 윤리적 사용과 포용성을, 2023년에는 교사와 학습자의 AI 역량 프레임워크 초안을 발표했다. 이와 함께 생성형 인공지능과 교육 미래 비전 보고서를 통해 AI를 공적으로 수용하는 경우 검토, 논의, 규제, 로드맵 마련으로 위험에 대응할 것을 강조한 바 있다(UNESCO, 2023.6). 2024년에는 AI 거버넌스 정책 기반 AI 윤리 생태계 구축안 마련을 진행하고 있다(UNESCO, 2024). 이처럼 유네스코는 AI의 윤리적 사용과 포용성을 강조하며, 교육 시스템에 AI를 효과적으로 통합하도록 국제적 지침을 마련해 왔다.

AI 기술 이슈와 함께 지난 몇 년간 국내 교육 정책에서도 예비 교사의 AI 활용 능력 향상을 위한 제도적 기반을 마련해 왔다. 2020년 인공지능 시대 교육 정책 방향과 핵심 과제 발표, AI 기술 통합을 명시했다(교육부, 2020).

2021년에는 초·중등 교원양성대학 AI 교육 강화 지원 사업을 추진, 교육대학과 사범대학 전체 학부생을 대상으로 한 인공지능 소양 과목이 신설되고 실천적 지도 역량 강화 프로그램이 운영되었다(교육부, 2021.6.22). 2022년에는 국정과제 81. 100만 디지털 인재 양성 종합 방안과 민·관·학 협력 아이에답(AIEDAP)사업으로 예비 교사 AI 역량 강화를 지원했다(교육부, 2022.12.22). 이러한 기초 역량 강화 정책의 초점은 2023년을 기점으로 디지털 기반 교육 혁신과 AI 기술 현장 통합으로 이동했다. 2023년 디지털 기반 교육 혁신 방안을 통해 2025년부터 AI 디지털 교과서 도입과 1인 1기기 보급 계획을 발표했으며(교육부, 2023), 2024년 디지털 활용 능력 향상 지원 과제 달성을 위한 디지털 교육 확대와 인프라 구축을 목표로 교사 역량 강화, 디지털 기기 보급 주기 관리, 디지털 튜터 및 기술 전문가 배치, 디지털 플랫폼 정부 출범과 관련된 보안 체계 구축 및 개인정보 안전 강화 방안 등의 정책을 시행하고 있다(교육부, 2024.1.24; 2024.4). 이와 함께 디지털 교육 교직 과목 개설 규정(교육부, 2023.3.29)과 디지털 교육 규범(교육부, 2024)이 마련되었다.

이상, 국내외 AI 역량 관련 교육 정책 사례는 혁신과 지속 가능성의 균형을 유지하는 것이 중요함을 시사한다. 혁신적 기술 도입은 교육의 질 향상과 접근성을 높일 수 있으나, 교육 현장의 본질적 요구와 지속 가능성에 대한 고려 없이는 부작용을 초래할 수 있다. 이에 정책 입안자들은 기술 혁신 추구와 함께 데이터 보호, 윤리적 사용, 공정성 보장 정책을 마련해야 한다. 영국과 핀란드는 AI 규제와 함께 미디어 리터러시 정책 기반 생애 단위 프레임워크를 기반으로 온라인상 위험 요소와 데이터 보호를 중점적으로 다루고 있다. 미국과 유네스코의 사례 또한 AI 교육 정책의 지속 가능성과 혁신적 교육 환경 조성 간 균형을 위한 가이드라인으로 참고할 수 있다. 이러한 국제적 변화 흐름 속에서 한국의 AI 교육 정책 또한 예비 교사들의 AI 역량 함양을 위한 지원과, 민 · 관 · 학 협력 기반 교육 현장 AI 기술 통합 및 국가 단위 규범 마련이 시행되고 있음을 확인했다. 향후 국내 AI 제도 기반 마련을 위해서는 기술 사회 및 국제 변화 흐름 속 적응과 맹목의 갈림길에서 국제적인 기준에 부합하면서도 국내 특수성을 반영한 적응적이고 지속 가능한 방향을 고민해야 한다.

예비 교사 AI 역량 교육의 제도 기반: 기술을 넘어서, 다시 사람

국내 교육의 본질적 가치 실현과 지속 가능성 확보를 위해서는 국제 동향을 따르기보다 국내 현장 특성을 밀접하게 반영하는, 아래에서 위로의 현장 중심 정책 계획 시행이 필요하다. 구체적으로 AI 교육 실천 주체로서 예비 교사의 전문성 함양, 현장성 강화, 포용성, 체제성, 연결성 등을 고려할 때 국내 AI 융합 교육의 국제화와 현지화를 동시에 이루며, 혁신을 지원하는 제도적 바탕을 조성할 수 있다. 궁극적으로 예비 교사의 AI 기술 활용에서 변혁까지를 지원함으로써 미래 교사와 학습자가 함께 만드는 교육 문화 형성이 가능할 것이다.

국내 AI 교육 정책은 국제 동향을 맹목적으로 따르는 대신 한국의 교육 현장과 교사, 학습자 요구를 반영하는 적응적 제도 기반 마련을 지향해야 한다. 먼저, 국가 단위 AI · 디지털 역량 로드맵 및 교육과정으로 AI 교육 목표와 체계를 제시해, 예비 교사의 교직 이수 및 학습자 또는 교사, 시민으로서의 생애 단위 역량 개발을 포괄적으로 지원하는 AI 기반 교육 관리 시스템을 구축할 수 있다. 이러한 로드맵에 기반한 소단위 학위 과정과 마이크로 크레덴셜 시행은 예비 교사의 단기간 AI 집중 학습과 실용적 AI 기술 심화 지속을 지원한다. 대학과 교육기관은 다양한 AI 소단위 학위 과정을 개발, 온오프라인 교육을 통해 접근성을 확보해 예비 교사의 교육 현장 변화에 따른 시의적 실용적 AI 기술 습득을 지원할 수 있다(Hunt et al., 2020). 이러한 국가 수준 교육과정의 현장 적용을 위해서는 AI 융합 학습 환경 설계 지원 이론과 자원 기반이 필요하다. 디지털 AI 역량 로드맵 및 AI 내용 요소의 심층적 교과 융합을 위한 새로운 교수 학습 이론과 모듈화 자원 기반 마련 연구 지원 제도를 통해 실현할 수 있다. 마지막으로 교사와 학습 환경 설계자, AI 기술 전문가가 참여하는 수업 설계 지원 제도로 실제 교육 현장에서의 기술 전문성 및 수업 설계 전문성 격차를 해소하고 역량 개발 지원 기반을 마련해야 한다.

또한 AI 교육의 이론적 지식 전달뿐만 아니라 교육 현장 연계 '온오프라인' 혼합형 실습 및 연구 기회를 통해 예비 교사 교육의 현장성 강화 제도를 마련해야 한다. 2023년에 발표된 '디지털 기반 교육 혁신 방안'과 2025년 도입 예정인 AI 디지털 교과서는 기술 동향을 반영하지만, 교육용 기술이 갖는 한계와 실제 교육 현장의 필요를 충분히 고려하지 못할 수 있다. AI 교육과정을 정규 교과목으로 설정하고, 실습 과정을 포함, 학교 현장의 학습 분석 및 수업 실행 지원 온오프라인 학습 환경을 구축함으로써 예비 교사들이 AI 기술을 실제로 적용하며 실습과 연구 경험을 쌓을 수 있다. 이 시스템은 학습 상태를 모니터링하고 맞춤형 학습을 제공하는 학습 분석 기능을 포함해야 한다. 이와 더불어 정기적인 워크숍과 세미나를 통해 최신 기술 동향을 학습하고, 기업 전문가 또는 현장 연구 교사(전문 학습공동체 & AIEDAP 마스터 교원 · 시도별 T.O.U.C.H 교사단, 교육부, 2023.2)와의 멘토링을 통해, 예비 교사는 교육 현장에서 발생할 수 있는 문제를 효과적으로 해결할 수 있을 것이다.

이와 함께 모든 학생이 디지털 교육의 혜택을 받을 수 있도록 접근성을 높이고, 디지털 격차 또는 교육 격차를 줄이는 포용성 정책을 수립해야 한다. 이를 위해 공평한 교육 기회를 제공하는 기술 포용성과 학습자 포용성 정책이 필요하다. 기술 포용성 측면에서, 디지털 기기와 인터넷 접근성이 낮은 지역의 학생들에게 필요한 장비와 서비스를 제공할 수 있다(GOV.UK, 2018). 국내 AI 디지털 교과서 도입은 학교뿐 아니라 예비 교사의 디지털 역량 교육과 기기 접근성 확보 방향도 논의되고 있다(교육부, 2024.4). 디지털 네이티브라는 말이 무색하지 않도록, 예비 교사의 1인 1기기 확보와 에듀테크 통합 교육 플랫폼 구축을 통한 접근성 확대, 디지털 리터러시 교육 강화를 수반해야 한다. 또한 학습자 포용성 측면에서, 교사 1인당 학생 수 줄이기 정책이 필요하다. 인공지능 기반 공평한 교육 기회 제공(UNESCO, 2022)이 추구하는 AI 기반 맞춤형 교육의 효과성은 궁극적으로 교사와 학습자 간 상호작용 지원을 통한 교육의 질 향상에 있다. 교육 현장 교사 1인 학생 수 조정 제도 변화를 수반할 때 포용성 가치 실현을 극대화할 수 있다.

이러한 AI 교육 정책 장기화를 위해 평가, 예산, 보안 체제 기반 지속 가능 운영 정책을 마련해야 한다. 먼저, AI 교육 정책의 적합성 검토와 지속적 개선 보완을 위한 적응적 피드백 시스템 도입이 필요하다. 이를 통해 AI 교육 실천의 효과성을 포괄적으로 평가하고, 경험 데이터 기반 의사 결정을 통한 개선이 가능하다. 다음으로 예산 활용 투명성과 지속 가능 규정이 있어야 한다. 우선, 다양한 관계 기관 사업 예산 공개를 통해 중복을 방지할 수 있다. 이를 전제로 OECD(2023)에서 제안한 장기적 재정 부담을 고려, 친환경 인프라, 디지털 전환, 평생 학습, 성과 중심 편성 등의 방안을 고려해야 한다. 또한 알고리즘 투명성과 검증 가능성 확보 등 윤리 규정 마련을 위한 협력 거버넌스 구축이 필요하다(U. S. Department of

Education, Office of Educational Technology, 2023). 이를 위해서는 데이터 활용에 대한 이해관계자 간 사회적 협상 및 미디어리터러시 또는 디지털 리터러시, 비판적 사고, 윤리적 판단 역량 함양 교육, 강력한 데이터 보호 규정을 통한 알고리즘 투명성과 검증 가능성 확보 원칙 수립 등과 함께 AI 신뢰성을 검증할 수 있는 품질 관리 시스템을 고려해야 한다(OECD, 2022; 2023.5). 이를 통해 예비 교사가 AI 윤리 문제를 인식하고 대응하도록 지원함으로써 기술 양가성을 극복, 지속 가능성을 확보할 수 있다.

마지막으로, 정부, 교육 기관, 기업, 국제 등 다양한 이해관계자들과의 협력을 촉진하는 제도를 마련해 AI 교육의 품질 향상을 모색해야 한다. 학습자, 교사, 학교, 지역 공동체, 기업, 글로벌 등 다양한 네트워크 형성을 통해 AI 교육의 효과를 극대화하고 참여와 변화를 이끌어내는 체제가 필요하다(GOV.UK, 2022; 2023). 예를 들어 교원 학습 공동체 지원 및 '에듀테크 소프트랩' 등 민관 협력 체계 구축(교육부, 2023.2)뿐 아니라 국내외 교육 연구 기관과 협력을 통한 AI 융합 교수법을 개발 확산하고, 빅데이터 기반의 교육 관리 유통 체계를 구축해 맞춤형 교육 콘텐츠를 제공해야 한다(UNESCO, 2023). 이를 통해 예비 교사들이 AI 기술을 활용한 학습과 실습을 효과적으로 진행하는 환경을 조성할 수 있다.

앞으로의 AI 교육 정책은 예비 교사의 AI 역량 교육 및 기술 전문성 심화, 현장 중심 실습과 연구 강화, 접근성과 포용성 증대, 지속 가능성 확보, 네트워크 형성 지원을 위한 제도 기반을 마련해야 한다. 이를 위해서는 소단위 학위과정, 국가 표준, 시스템 규제, 교수 학습 방법 개발 연구, 업무 개편, 인프라 구축, 디지털 격차 해소, 교사 1인 학생 수 감소, 협력 네트워크, 평가 시스템, 지속 가능 예산, 기술 투명성, 윤리 교육 등 다각적 요소에 대한 고려가 수반되어야 한다. 이를 통해 기술 요소와 학습자 및 (예비) 교사의 요구와 경험을 균형 있게 반영하는 한국형 AI 교육 제도 기반을 마련할 수 있을 것이다.

참고문헌

교육부(2020). 인공지능 시대 교육 정책 방향과 핵심과제.

교육부(2021.6.22). 2021년 초·중등 교원양성대학 인공지능(AI) 교육 강화 지원 사업 선정 결과 발표. ≪보도자료≫.

교육부(2022). 디지털 인재 양성 종합방안.

교육부(2022.12.22). '민·관·학' 힘을 합쳐 (예비)교원의 디지털 역량 강화 추진: (예비)교원의 디지털 역량 강화 추진체제 'AIEDAP'(아이에답) 연수회 개최. ≪보도자료≫.

교육부(2023). 디지털 기반 교육 혁신 방안.

교육부(2023.2.24). 디지털 기반 교육 혁신 방안. ≪교육부 보도자료≫(2023.2.24.).
교육부(2023.3.29). 유치원 및 초등·중등·특수학교 등의 교사자격 취득을 위한 세부기준, 교육부 고시 제2023-14호.
교육부(2024). 디지털 교육 규범.
교육부(2024.1.24). 2024년 주요 정책 추진계획: 교육개혁으로 사회 난제 해결.
교육부(2024.4). 교사가 이끄는 교실 혁명을 위한 디지털 기반 교육 혁신 역량 강화 지원방안.
과학기술정보통신부·한국지능정보사회진흥원(2022). 디지털플랫폼정부 출범 및 보안체계 구축.
Department for Education(2019). Keeping Children Safe in Education(KCSIE).
Finnish National Agency for Education(2022). Support for Digital Competence.
GOV.UK(2014). Government Digital Inclusion Strategy.
GOV.UK(2018). Data Protection Act. Retrieved from https://www.gov.uk/data-protection
GOV.UK(2022). UK Digital Strategy.
GOV.UK(2023). Innovative Approach to AI Regulation.
Hunt, T., et al.(2020). Micro-credentials: The potential of personalized professional development. *Development and Learning in Organizations: An International Journal*, 34(2), 33-35.
Kaufman, J. H., et al.(2023). Designing and implementing micro-credentials to support STEM teaching. RAND Corporation. https://www.rand.org/pubs/research_reports/RRA2486-1.html

Ministry of Education Singapore(2020). INFOSHEET ON SKILLSFUTURE FOR EDUCATORS (SFEd).

Redecker, C.(2017). European framework for the digital competence of educators: DigCompEdu. Publications Office of the European Union.
https://joint-research-centre.ec.europa.eu/digcompedu_en

Touretzky, D., Gardner-McCune, C., & Seehorn, D.(2019). AI for K-12 Initiative.
https://ai4k12.org/

OECD(2023.5). Sustainable Budget Policy: Concepts and Approaches. OECD Journal on Budgeting.

UNESCO(2021). AI and Education: Guidance for Policy-makers.

UNESCO(2022). International Forum on AI and Education.

UNESCO(2023). Digital Learning Week.

UNESCO(2024). AI Governance Policy Dialogue.

U. S. Department of Education, Office of Educational Technology(2023). Human-in-the-Loop (HITL) AI System Guidelines and AI Education Model.

White House Office of Science and Technology Policy(2020). National AI R&D Strategic Plan.

10
예비 교사와 AI 교육 생태계

AI 시스템의 개발과 운영을 위해서는 공공과 민간 분야의 상생이 중요하다. 또한 지금은 다양한 교육 주체가 만나서 한 사람의 역량 함양을 위한 총체적 교육 경험을 관리할 수 있어야 한다. 이처럼 AI 교육 생태계의 이해는 예비 교사 교육을 위해서도 예비 교사 자신을 위해서도 중요하다. AI 교육 생태계를 탐색하고 예비 교사가 근무할 미래 교육 현장과 예비 교사 교육에 어떠한 시사점을 주어야 하는지 살펴본다.

종교와 AI?

AI 교육 생태계

AI 교육 생태계는 이전의 디지털 교육 생태계와 다르다. 이전의 공교육을 위한 디지털 교육 생태계는 정부 주도로 나이스(NEIS), 에듀넷티클리어, e-학습터 등 교육행정정보시스템에서부터 교수 학습 포털사이트와 온라인 학습 시스템에 이르기까지 정부가 개발하고 운영했다. 그러나 코로나-19 감염병의 비대면 사회와 함께 디지털 전환 시대가 되면서 일상과 교육에 디지털 통합이 광범위하게 이루어짐에 따라 정부 개발 이상의 다양한 민간 에듀테크가 개발되었는데, 여기에는 교육용 및 비교육용 제품이 포함된다. 챗GPT와 같은 비교육용 AI 솔루션은 교육 분야에서도 이미 많이 활용하고 있는 대표적인 예다.

한편, 학교 현장에서도 다양한 디지털 솔루션에 대한 수요가 높아졌기에 정부 주도의 개발만으로는 부족하다. 또한, 클라우드 기반 디지털 및 AI 시스템은 고도화된 알고리즘, 빅데이터 관리 등 업체별 안정적 관리와 고도화가 필요하며, 맞춤형 교육을 위한 AI 시스템의 경우 맞춤형 다양한 콘텐츠 확보가 중요하므로 다양한 민간 분야의 디지털 콘텐츠를 활용해야 한다. 이러한 이유로 학교마다 다양한 민간 디지털 및 AI 제품을 활용하고 있다. 그러나 모든 민간 제품이 현장 친화적이거나 품질을 보장하지는 않는다. 어떠한 제품은 학생의 참여도, 문항별 성적, 집중도 등 활동 데이터 분석 결과와 결과에 따른 맞춤형 콘텐츠를 추천해 교사의 맞춤형 수업 의사 결정을 도와주고, 다른 제품은 교사의 공문 처리와 기안을 자동화해서 행정 업무를 경감시킨다. 그러나 많은 에듀테크 업체가 학교 현장을 충분히 이해하지 못하는 신생 소규모 업체이기에, 기능 오류가 있거나 교직 업무에 적합도가 떨어지는 제품을 출시하기도 한다. 이러한 관점에서 교사는 수많은 교육 및 비교육용 AI 에듀테크 중에 적합한 제품을 선별하는 능력이 필요하다. 더 적극적으로 에듀테크 업체와 협업해 학교 현장에 맞는 에듀테크 제품을 설계하는 기회를 가져도 좋다. 따라서 예비 교사에게 다양한 에듀테크 제품을 경험할 수 있는 수업 활동을 제공할 필요가 있다. 예를 들어, 학생 개별 맞춤형 학습을 도와줄 AI 시스템에 대해서 A사, B사, C사의 제품을 모두 사용하게 한다. 많은 교과의 서책형 및 디지털 교과서를 출판하며 학습지용 디지털 콘텐츠와 AI 플랫폼을 가진 A사와 맞춤형 AI 플랫폼으로 시작해 다양한 콘텐츠 업체와 제휴한 B사, 그리고 한 가지 교과에만 특화된 콘텐츠와 AI 알고리즘을 가진 C사의 제품을 사용하게 하고, 제품별 기술적, 교육적 특징과 장단점, 기업별 역량과 서비스 지원 여부 등을 비교하도록 한다. A사의 경우 해당 검인정 교과서의 수업에는 좋으나 국어 및 영어 교과와 같이 맥락적 지문이 달라지는 타 교과서 사용 학교의 경우 적합 여부를 봐야 한다. B사의 경우 자체적으로 콘텐츠를 개발하지 않기에 제휴 콘텐츠의 질과 양이 충분하고 내용이 타당한지 살펴본다. C사의 경우, 국가 교육과정에 적합한 콘텐츠인지 살펴본다. AI 시스템을 사용하고자 하는 학교 여건과 수업 시나리오에 따라 A, B, C사의 제품은 적합도가 달라지기에, 사용 목적의 관점에서 다양한 AI 에듀테크를 살펴보는 기회를 가져야 한다.

역량 교육을 위한 AI 교육 생태계

한편, 역량의 관점에서 디지털 · AI 교육 생태계를 살펴볼 필요가 있다. 역량 교육 혹은 역량 교육과정은 OECD의 DeSeCo(Definition and Selection of Competencies, 1997~2003)가 소개되면서 우리나라를 비롯한 주요 국가에서 채택하고 있는 큰 흐름이다. 우리나라에서도 2022 개정 교육과정에서 역량 교육의 흐름은 지속되어 지식 정보 처리 역량, 자기 관리 역량 등 6가지 핵심 역량과 교과 역량을 제시하고, 이를 교과 및 비교과 수업에서 함양하도록 했다. 역량의 의미가 특정 수행 맥락에서 우수 수행자의 특성이기에, 머릿속에서 추상적으로 이해하는 지식 중심보다는 수행성을 강조하며, 전인교육을 지향하는 총체성과 발달적 성격을 요구한다(백남진 · 온정덕, 2016). 따라서 역량 개발을 위해서는 학습자 경험과 실천을 중시하는 학습자 중심의 학교 수업(김현진 외, 2021)뿐만 아니라 학교 밖의 비형식 학습까지 경험 설계가 중요하다. 즉, 학생의 역량을 위해서는 정부, 시도 교육(지원)청, 지자체, 연구기관, 학부모, 에듀테크를 포함한 다양한 교육 산업과 비영리기관 등이 함께 참여하는 교육 생태계를 이해하고 적극 활용해야 한다.

이러한 관점에서 역량교육을 진정으로 구현하기 위해서는 다양한 형식 및 비형식 학습 경험 속에서 학생별 역량 발달을 추적하고 관리하는 개별 맞춤형 교육 AI 시스템이 필요하다. 이러한 역량 교육을 위한 AI 시스템은 학생별 종단적 데이터 관리, 학교 수업과 학교 밖의 형식 및 비형식 학습 경험 데이터가 종합된 허브 시스템이 있을 때 가능할 것이다. 불행히도 현재는 이러한 국가 혹은 민간 시스템이 존재하지 않는다. 개별 AI 플랫폼에서 한 학생의 학습 경험은 파편적으로 관리될 뿐이다. 그러나 미래 학교의 교사로서 예비 교사는 학생 중심, 역량 중심의 사고를 가지고 학생 개별 맞춤형 교육과정 계획과 수업 및 평가를 설계할 필요가 있다. 한 학생의 교실 수업, 학교 밖의 형식 및 비형식 교육의 경험이 축적되어 한 학생이 역량이 총체적으로 개발되고 관리됨을 알아야 한다. 또한, 이를 위해서는 교육의 주체가 학교 교사만이 아니라 학부모, 공공 및 민간 교육 기관, 박물관, 도서관 등 비형식 교육 기관이라는 점과 다양한 교육 주체의 경험을 어떻게 연계하고 학교 수업과 연계할지 생각해야 한다. 또한, AI 시스템이 이러한 교육 생태계를 실현해 줄 수 있다는 신념도 가져야 한다.

참고문헌

김현진 외(2021). "학교 역량교육을 위한 수업설계 연구의 체계적 문헌 고찰". ≪교육공학연구≫, 37권 4호, 719-765.

백남진 · 온정덕(2016). 『역량 기반 교육과정의 이해와 설계』. 교육아카데미.

김현진

한국교원대학교 교육학과 교수다. 이화여자대학교 교육공학과에서 학부와 석사, 조지아대학(Univ. of Georgia)에서 교육공학(Instructional Technology)으로 박사 학위를 받았다. 모토로라, 포스코경영연구소, 사이버카이스트 등에서 인적 자원 개발 업무와 이러닝 개발을 했고, 한국교육학술정보원에서는 교육 정보화 정책 연구를 수행했다. "미래 학교 설립 운영 모델 개발 연구"(2017), "AI 시대 대비 국가 수준 교육과정 운영 지원 방안 연구"(2019), "에듀테크 기반 맞춤형 평가 활성화 방안 연구"(2022), "AI·디지털 기반 교수·학습 및 평가 체계 개발 연구"(2023) 등 AI 및 에듀테크 관련 국가 정책 과제와 교육부 자문위원 등을 수행했으며, 현재 국가교육교육위원회 교육과정전문위원이다. 연구 관심 분야는 학교교육을 비롯한 다양한 교육 분야에서의 교육 설계, 특히 AI 및 테크놀로지 기반 학습자 중심 수업 설계, 역량 교육 설계 및 설계 연구, 교사 교육, 학습 과정 및 상호작용 분석과 질적 연구이며 관련하여 다수의 논문을 출판했다.

김현영

한국교원대학교 교육학과 강사다. 영남대학교에서 국어국문학과 국사학을 전공, 한국교원대학교 교육학과 교육공학 전공으로 석사와 박사 학위를 받았다. 주된 관심 분야는 모바일 학습 환경 설계, 학습자 경험, 질적 연구, 디지털 문화기술지, 디지털 리터러시 등이다. 주요 연구로 "디지털스토리텔링 한국어 교육에서 여성결혼이민자의 스토리 생성과정에 나타난 상황학습 탐색"(2018), "메타종합접근을 통한 초·중등학교 모바일러닝 설계 전략 탐색"(2019), "Z세대의 모바일 학습 일상에 관한 디지털 문화기술지"(2023) 등이 있으며, 그 외 "민주시민 육성을 위한 미디어 리터러시 교육 방안 연구"(2019)에 참여했다. 이러닝 및 교육 콘텐츠 개발 분야와 한국어 교육 분야에서 활동했으며, 현재 한국교원대학교 교육과학연구소의 객원연구원 활동과 함께 미래 교육과 수업, 학습과 테크놀로지, 교육 방법 및 교육 공학 등을 강의하며, 『디지털 교육』(공저, 2024) 교재를 집필, 예비 교사와 현직 교사 대상 수업 설계와 디지털 리터러시 및 모바일 기반 학습 환경 설계 연구에 주력하고 있다.